미디통론

최수웅 지음

저자 최수웅은 어렸을 때부터 기타 연주를 시작으로 여러 가지 악기를 고루 연주하다가 시퀀서로 시작된 디지털음악에 심취하여 아타리, 매킨토시, IBM 등 다양한 하드웨어와 소프트웨어를 바탕으로 3000여 곡을 미디로 만들었다.
현재 멀티미디어, 인터넷 관련 기획과 컨설팅 및 개발을 하고 있는 네오 클래식 대표이다.

미디통론

지은이 · 최수웅
초판 1쇄 찍은날 · 2000년 3월 18일
초판 1쇄 펴낸날 · 2000년 3월 29일
펴낸이 · 김승태
편집장 · 이연희
편집,교정 · 이상윤, 최창숙
표지 디자인 · 한영애
넝업 · 김석주
등록번호 · 제2-1349호(1992.3.31)
펴낸곳 · 예영커뮤니케이션
110-616 서울 광화문우체국 사서함 1661
       (유통사업부) T. (02)830-8566 F. (02)830-8567
       (편집부) T. (02)2264-7211 F. (02)2264-7214
       E-mail: jeyoung@chollian.net

ⓒ 최수웅, 2000
ISBN 89-8350-631-8 93670

값 12,000원

▪ 잘못 만들어진 책은 언제든지 교환해 드립니다.

미디통론

최수웅 지음

예영커뮤니케이션

머리말

새 천년이 오면 멋지게 변신하리라 기대했던 저의 모습이, 진짜 새 천년이 되었는데도 변함이 없습니다. 여전히 호기심 많고 어수선하고 가끔씩은 집요한 저의 본질은 바뀌지 않는가 봅니다.

미디의 본질도 바뀌지 않습니다.
어떤 하드웨어를 사용하든 어떤 소프트웨어를 사용하든
미디의 본질은 같습니다.
본서의 내용은 미디의 본질, 즉 미디의 이해를 통한 기본을 다루고 있습니다.

미디를 위해 사용되는 하드웨어에서부터 소프트웨어, 관련 악기 및 장비의 종류를 시작으로 미디 메시지의 흐름에 대한 심층적인 해설 및 컨트롤러의 실제적 사용 방법, 더 나아가서는 익스클루시브 메시지에 이르는 미디의 전반적이고 총체적인 설명을 하고 있으므로 사용자의 기종에 상관 없이 응용될 수 있는 미디의 전반적인 정보를 수록하였습니다.
따라서 본서를 통하여 미디의 기본을 익힌 후 자신의 취향에 맞는 하드웨어 및 소프트웨어를 선택하여 활용하면 보다 쉽게 작업을 할 수 있으리라 생각됩니다.

본서는 정리해 놓은 지가 5년쯤 되었습니다.
그저 정리하는 마음으로 작성되었던 것이 이렇게 활자화되어 나온다는 것이

송구하기도 하고 기쁘기도 합니다.

  5년이 지나도 아니, 그 5년 전부터도 미디의 본질은 바뀌지 않았습니다.

  저도 미디를 접한 지 어언 10여 년이 지났지만 미디의 본질을 파악하고 기본을 인식하는 데는 오랜 시간이 걸렸습니다.

  읽는 분들이 얼마나 좋게 생각할까 조심스런 마음으로 본서를 펴냅니다. 본서를 통하여 미디의 기본에 대하여 생각할 줄 알고 접근하시는 분이 생긴다면 참으로 기쁘겠습니다.

2000년 1월
최 수 웅

목차 CONTENTS

머리말

제1장 음악과 미디

- Art와 Technology ················11
- 음악의 기술적 분석 ················13
- 소리가 난다 ························13
- 미디에 앞서 ························15
- 컴퓨터 음악은 깡통? ··············16
- 음악에서의 미디 ····················17
- MIDI ·································18

제2장 시스템

Ⅰ. 미디 관련 기기들
- Basic Hardware ················24
  - Sequencer / Computer ··········25
- Software ························30
  - Sequencer Software ············31
  - Notation Software ··············34
  - Digital Audio Hard/Disk Recording Software ··········35
  - Editor / Librarian ················36
  - 그 밖의 소프트웨어 ············39
- MIDI Instrument ················40
  - Keyboard ························42
  - Sound Module ··················44
  - Sampler ························46
  - GS와 GM ························48
- Controller ························52
  - Master Keyboard ··············52
  - Guitar Synthsizer ··············53
  - Wind(Breath)/Controller ······54
  - Drum Pad ························55
- MIDI Interface ··················56
  - 내장형 / 일반형 / 멀티형 ······57

Ⅱ. 오디오 시스템(Audio System)
- Consol ·····························61
- Amplifier ·························63
- Speaker ···························64
- Recorder ·························66
- Sound Effector ··················68
  - Equalizer ························69
  - Compressor ····················71
  - Delay ·····························73
  - Reverb ···························74
  - Multiple Effector ··············75
- Acessories ························76
  - Headphone ······················77
  - Microphone ····················78
  - Cable ·····························80

Ⅲ. 시스템 블록 다이어그램 ··········83
(System Block Diagram)

제3장 미디 메시지

Ⅰ. 미디 메시지의 표기

- Binary, Bit, Byte ·················87
　　바이트 값의 계산 ···············88
　　최대의 1바이트 값··············89
- Hexdemical ·····················90
　　10진수를 16진수로 ············91
　　1바이트를 16진수로 ···········91

Ⅱ. 미디 메시지의 구조
　　Status Byte와 Data Byte ········95

Ⅲ. 미디 메시지의 전송
　　미디 메시지 전송방식 ·········97
　　Serial Transmission ·············98
　　Master와 Slave ··················99
　　MIDI Port ·······················100
　　MIDI Cable ·····················102

Ⅳ. 미디 메시지의 구성
　　미디 메시지 구성도 ···········105
- Channel Message ················105
　　Channel··························107
　　Track ····························111
　　Voice Message ·················114
　　Note Off / 8cH ··················115
　　Note On / 9cH ··················115
　　Polyphonic Key Pressure AcH ···118
　　Control Change / BcH ·········121
　　Program Change / CcH ········121
　　Channel Pressure / DcH ·······125
　　Pitch Bend Change / EcH ······126

　　Mode Message ···················127
- System Message ·················128
　　Common Message ··············129
　　System Exclusive / F0·········129
　　Quarter Frame / F1············129
　　Song Position Pointer / F2······135
　　Song Select / F3 ···············137
　　Tune Request / F6 ·············139
　　EOX(End Of Exclusive) / F7 140
　　Real Time Message ············140
　　Timing Clock / F8H ···········140
　　Start / FAH ·····················141
　　Continue / FBH ················142
　　Stop / FCH ·····················143
　　Active Sensing / FEH ·········144
　　System Reset / FFH············145
Ⅴ MIDI Implementation Chart ········147

제4장 미디 컨트롤러

Ⅰ. 미디 컨트롤러의 분류
　　Continuous Controller ·········158
　　Switch Controller················162
　　Data Controller ·················163
　　Mode Controller ················164

Ⅱ. 각 미디 컨트롤러의 기능
　　0 ｜ 32　Bank Select ···········165
　　1 ｜ 33　Modulation ············168
　　2 ｜ 34　Breath Control ········171

4 | 36 Foot Control ············172
5 | 37 Portamento Time ······173
6 | 38 Data Entry ············175
7 | 39 Volume ················176
8 | 40 Balance ················178
10 | 42 Panpot ················179
11 | 43 Expression ············182
64 - Sustain On/Off ············183
65 - Portamento On/Off ········186
66 - Sostenuto On/Off ········187
67 - Soft On/Off ················187
68 - Legato On/Off ············188
69 - Mute On/Off················189
91 - Effect Depth 1(Reverb Send Level) ························190
92 - Effect Depth 2(Tremolo Depth) ····························192
93 - Effect Depth 3(Chorus Send Level)························193
94 - Effect Depth 4(Detune) or (Delay SendLevel) ············194
95 - Effect Depth 5 (Phaser) ···196
98 & 99 - NRPC LSB & NRPC MSB ····························196
100 & 101 - RPC LSB & RPC MSB ····························208
120 - All Sound Off ············212
121 - Reset All Controllers ······213
122 - Local Control On/Off ···214
123 - All Note Off ············215

124 - Omni Off················216
125 - Omni On················217
126 - Mono On ··············218
127 - Poly On ················219

Ⅲ. 기본적인 컨트롤러의 설정
  모든 미디 메시지의 초기화 ········221
  기본적인 컨트롤러의 설정 ··········222

제5장 익스클루시브 메시지

Ⅰ. 익스클루시브 메시지의 형식
  F0H Exclusive Status ···········229
  MAN Manufacturer ID ········230
  DEV Device ID ················230
  MDL Model ID ················232
  CMD Command ID ············232
  BODY Main Data ············233
  F7H EOX ························234

Ⅱ. 익스클루시브 메시지의 활용
  Master Tune ····················235
  Master Volume ················236
  Master Key-Shift ············237
  Master Pan ····················238
  GS Reset ························238
  Voice Reserve ················239
  Reverb Macro ················240
  Use For Rhythm Part ········241
  Part Panpot ····················242

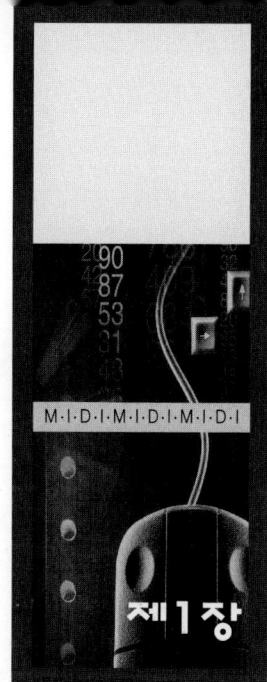

음악과 미디

음악은 추상적이고 감각적인 환경을 지닌 표현행위이다.

같은 곡이라도 듣는 이의 환경이나 분위기, 기분에 따라 달라진다.

그래서 어떤이들은 곡에 제목을 달지 말자고 주장하기도 한다.

반면에 컴퓨터와 같은 디지털 기기는 치밀하고 정확함을 요구하는 대단히 논리적이고 수학적인 체계로 이루어져 있다.

따라서 이들을 통제하는 미디라는 규약도 마찬가지이므로 디지털 기기를 활용하여 음악을 만들고자 한다면 자신의 주관적인 개념을 객관적인 수치로 표현할 수 있도록 미디의 개념을 정확히 파악하여야 한다.

즉, 자신의 주관적인 개념을 가장 객관적인 형식을 빌어 표현하여야만 한다.

이 둘을 같이 묶어 놓고 생각한다는 것이 어찌보면 곡학아세(曲學阿世)가 아닐까 하지만 모든 것은 행동하는 규칙과 질서가 있게 마련이고, 그것들을 이해한다면 아무리 추상적이고 정신적인 것이라 할지라도 그에 대한 대안으로 표출이 가능하리라 생각한다.

그래서 과물탄개(過勿憚改)의 마음으로 몇 자 적어보도록 하겠다.

음악과 미디

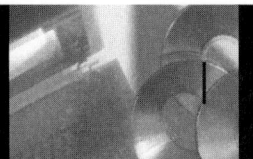

Art와 Technology

음악은 예술(Art)이라는 행위로 규정지어졌음은 말할 필요가 없을 것이다.
그리고 이에 반대되는 개념으로 기술(Technology)이라는 단어를 사용한다.
이 둘은 합칠 수 없는 물과 기름의 관계라는 것이 일반적인 생각의 흐름이다.
그러나 필자의 생각은 그 반대이다.
모든 생각이나 사상은 의식적으로든 무의식적으로든 어떤 기술적인 행위를 바탕으로 하여야만 세상에 태어나고 남에게 알려지게 되고, 그 후에야 인정이나 비판을 받게 되는 것이다.

일반적으로 테크놀로지라 하면 기술을, 아트라 하면 예술을 말하지만 어원을 거슬러 올라가면 서로 같은 뜻이다.
테크놀로지는 그리스어로 기술을, 마찬가지로 아트도 희랍어로 기술을 뜻한다.
이것이 현대에 와서는 아트라고 하면 예술을, 아티스트라고 하면 예술 종사자를 뜻하게 되었는데 예술이라는 것도 가슴에 품고 있는 혼을 기술적으로 표현하지 못한다면 한낱 공상이나 망상에 불과할 것이다.
따라서 음악적 영감을 얼마만큼 기술적으로 잘 표현할 수 있느냐가 곧 예술로서의 음악을 완성하게 해 주는 지름길일 것이다.

음악을 보다 구체화시키는 기술적인 방법으로 연주와 녹음을 들 수 있다.

그 전에 작곡이라는 과정을 거쳐야 하지만 작곡이 이미지를 생성하는 것이라면 연주는 보다 구체적인 전달이 될 수 있을 것이며 녹음은 그의 최종적 완성이라 할 수 있을 것이다.

여러분은 이제부터 미디라는 형식을 통해 음악을 기술적으로 다루는 법을 배워 나가게 될 것이다.

미디를 이용하면 여러 가지 장점이 있다.

반면에, 지금까지 길들여져 있는 음악을 표현하는 전통적이면서 앞으로도 영원히 지속될 연주와 녹음이라는 방법에 의한 것과 구별되어 평가절하하는 사람들의 인식을 바꾸어야 하는 외적인 노력도 기울여야 할 것이다.

미디를 이용하건 직접적인 연주를 하건, 어차피 음악의 최종 목적지는 경제적 보상이 따르느냐 아니냐를 떠나서 작업자의 사상이나 감정이 감상자들에게 얼마만큼 잘 전달되느냐 하는 것이 될 것이다.

따라서 중요한 것은 '**어떤 도구**' 를 이용하여 음악을 표현하느냐가 아니라 '**어떤 음악**' 이냐 하는 것이다.

미디를 이용하는 모든 사람들은 이 점을 늘 잊지 말고 음악적 완성을 위한 노력을 기울여야 할 것이다.

미디는 기타, 드럼, 피아노 등과 같이 음악을 표현하기 위한 하나의 기술적인 도구에 불과하다.

단지 자신이 행한 기술적인 노력을 순차적으로 수정·보완할 수 있다는 다른 도구들에 없는 점이 제공될 뿐이다.

좀더 부연한다면 미디를 이용한다는 것은 단지 성능 좋은 녹음기를 사용하는 것과 같을 뿐이다.

음악의 기술적 분석

음악을 기술적으로 분석한다는 것에 대하여 다소 이의를 제기할지 모르나, 수치로 의사 소통이 되고 또 이를 이용하여 음악을 만들어 나가기 위해서는 꼭 필요하기 때문에 한번 생각해 보도록 하자.

음악, 즉 소리는 여러 가지 원인과 과정을 거쳐서 우리의 귀를 통해 마음을 슬프게도 하고 즐겁게도 한다.

이러한 음악은 어떻게 만들어지는 것일까?

음악은 먼저 작곡가의 감성을 표현한 원곡과 그 원곡을 멋지게 재탄생시킨 편곡에 의한 악보를 가지고, 이에 알맞게 편성된 악기편성과 훌륭한 연주자에 의해 연주되고 사운드 엔지니어의 독특한 감각에 의해 만들어진 소리가 각종 매체를 통해 우리의 귀에 전달된다.

그러나 여기에서는 앞 뒤의 과정은 생략하고 연주자와 사운드 엔지니어에 해당되는 부분만을 생각해 보기로 하자.

소리가 난다

하나의 예로 "소리가 난다"라고 말하게 되는 과정을 생각해 보도록 하자.

① 어떤 말을 하기 위한 환경이 조성된다. = 동기(Motive) 발견

예를 들어 외부의 어떤 소리를 들었다고 가정하자. 문제는 그 소리가 본인의 마음에 어떻게 받아들여지는가일 것이다.

② 생각한다. = 주제 설정

우선 모티브가 되는 그 소리의 정체를 파악한다.

그리고 거의 동시에 자신의 감정을 느낀다.

③ 어휘를 구상한다. = 작곡

그 생각을 그냥 말로 할 것인가? 아니다 "난다 소리가" 하는 감탄사를 넣어서 "아! 소리가 나는군"으로 한번 바꾸어 생각해 본다.

여기서는 "소리가 난다"로 결정한다.

④ 그러면 이 "소리가 난다"를 어떻게, 어떤 방식으로
    표현할 것인가? = 편곡

베이스 톤으로 목소리를 깔고 천천히 무게있게. 또는 소프라노의 음성으로 빠르고 날카롭게, 코믹하게, 슬프게 등.

⑤ 이제 앞의 과정을 종합하여 "소리가 난다"라고 하여 자신의 감정을 표현한다. = 연주

말을 할 때에는 상대방의 눈을 응시하는 것이 좋다.

그러나 10초 이상을 응시하면 불쾌감을 줄 수 있으므로 유의한다.

이것은 연주자가 감정을 과대포장 하지말 것을 뜻한다.

지나친 것은 부족함만 못하다.

⑥ "소리가 난다"를 좀더 의미전달이 되도록 다듬는다.
    =편집(믹싱과 녹음)

"소리가 난다"를 "소리가 난다"나 "소리가 난다", "소리가 난다" 등으로 어떤 것이 좋을지를 목적에 맞게 수정, 보완한다.

⑦ 이것에 대한 평가는 다른 사람의 몫이다. = 음반 출시

"소리가 난다"라고 말하게 되는 과정을 들어 음악의 과정을 비유한 것이다.

이 중에서 과정 ⑤와 ⑥이 우리가 살펴보려고 하는 미디 관련 도구의 조작에 의한 소리를 만드는 과정이 될 것이다.

미디에 앞서

연주는 각 연주자가 오랜 기간 동안 피나는 연습을 하여 이루어지는 것이므로 이를 한 사람이 몇 가지 장비만 가지고 해결하려 하는 것은 대단한 욕심이 아닐 수 없을 것이다.

그렇다고 각 악기를 일일이 배워서 자신의 음악을 만들 수도 없는 것이고…. 그렇다면 간단한 방법은? 그렇다! 훌륭한 세션맨을 돈을 주고 구하는 것이다.

그러나 더 좋은 방법이 있다. 그것은 문명의 최대 이기인 미디를 이용하여 직접 만드는 것이다.

그렇다면 어떻게 만들어 나갈 수 있을까?

자신만의 시스템으로 음악을 만들기 위해서는 먼저 음악에 대한 공부가 선행되어야 한다.

음악인이 그래픽 소프트웨어의 조작 방법을 알고 있다고 해서 좋은 그림을 만들 수는 없을 것이고, 서양화가가 붓을 쥐고 있다고 해서 추사체로 쓰여진 한시의 정신을 표현할 수는 없을 것이다.

마찬가지로 음악에 대한 이해 없이 음악을 만든다는 것은 불가능한 것이다.

일부 신문이나 잡지에 미디, 또는 컴퓨터 음악이라는 것에 대하여 누구나 쉽게 음악을 만들 수 있는 것처럼 소개해 놓은 것을 보면 참으로 안타까움을 금할 수 없다.

따라서 지금 이 글을 읽고 있는 사람 중에 악보에 그려진 음표가 몇분 음표인지도 구분할 수 없는 사람이 있다면 이 책을 보기 전에 먼저 음악통론부터 사서 공부하기 바란다.

미디는 만능이 아니다. 준 만큼 돌려 주고 받은 대로 반응한다.

우리는 연주자가 아니다. 그러나 우리는 미디 악기를 연주(입력)할 필요성을 느끼고 있다.

자신의 시스템상에서의 연주를 위해서는 각 해당 악기의 메커니즘을 잘 이해하고 있느냐가 승부를 좌우한다.

비록 각 악기로 직접적인 연주는 하지 못하더라도 머릿속에 그 개념을 잘 알고 있다면, 어느 정도의 시간만 투자하면 훌륭한 음악을 만들 수 있을 것이다.

컴퓨터 음악은 깡통?

어떤 이는 미디라는 형식을 이용하여 만든 음악은 인간미가 없는 깡통과 같다고 매도하기도 한다.

그에 대한 가장 큰 이유가 '항상 같다' 라는 것이다.

그렇다면 그 사람이 듣고 있는 LP나 카세트 테이프 혹은 CD에서 나오는 음악은 시시때때로 바뀐단 말인가 !

인간의 모든 행위가 일단 어떠한 매체에 담겨지게 되면 그것은 고정되었다고 밖에 볼 수 없는 것이다. 음악은 흘러가면 그만인 것이다. 이것을 자세히 탐닉하려고 해도 그림과 같지 않아서 정지시키지 못한다. 오직 당시의 감정 상태를 담은 불완전한 반복이 있을 뿐이다.

어차피 CD에 소리를 담기 위해서는 그 소리를 부호화(Encoding)하여야만 한다. 그러므로 이제부터는 이러한 우물 안 개구리 같은 물음은 더이상 하지 않기로 하자.

음악에서의 미디

음악에서 미디의 영역은 과연 어느 정도일까?

한 마디로 말한다면 A에서 Z까지라고 할 수 있다. 하지만 음악이라는 행위가 가지는 가치관이 문제가 되어 때로는 미디라는 녀석이 천대를 받기도 한다.

음악은 철저히 독립적이면서도 그 출력물은 전혀 반대의 역할을 한다는 것이 그림(동·서양화를 막론한 회화, 근래의 CG 등 눈으로 보여질 수 있는 모든 상(像))이나 문학과는 다른 점이다.

그림이나 문학은 특별한 경우를 제외하고는 혼자만의 작업이 그대로 마지막의 작품으로 결정되지만, 음악은 이들과는 달리 동전의 양면을 다 가지고 있다.

무슨 말인가 하면, 다른 예술적 행위와 마찬가지로 하나의 작품을 완성하기 위해서는 자신과의 싸움을 싸워야 한다는 점은 같으나, 음악에서는 절대로 이러한 싸움에서의 결과가 곧 어떠한 작품이라는 것으로 나오지는 않는다는 것이다.

음악이 하나의 작품으로 완성되기 위해서는 결국 우리의 귀로 들을 수 있는 형태로 나타나야 한다. 그렇기 때문에 여러 사람이 참여하고 기술적인 해결을 통하는 가운데, 서로의 의견과 사상이 화합하고 때로는 충돌하여 깎이는 과정을 거친 후에야 가능하기 때문이다.

그렇다면 음악은 절대로 혼자서는 할 수 없는 것일까? 반드시 그렇지는 않다.

하나의 악기만을 이용한 독주 형태의 음악에서는 그림이나 글과 같이 혼자만의 작업이 가능해질 수 있기 때문이다.

예를 들자면 피아노 독주나 기타 연주 등이 있다.

그러나 기술의 발달은 아날로그를 넘어서 디지털이라는 새로운 언어를 창출했고, 그 디지털을 바탕으로 미디가 생성됐다.

　미디는 음악의 결과물을 제외한 작업이라는 측면에서 본다면 과히 혁명이라 할 수 있다. 더욱이 경제성과 음악인의 끈질김만 보장된다면 자신의 사상을 고스란히 음반으로 담아 낼 수 있다는 점은 아무리 칭찬해도 지나치지 않다.
　다시 한 번 말하지만 음악이건 그림이건 어떤 것이나 결과물의 완성도는 작업자 개인의 능력이다. 다만 음악을 하는 데 있어서 미디라는 도구가 상당히 도움을 줄 뿐이다.

 MIDI(Musical Instruments Digital Interface)

　미디는 앞에서도 이야기한 것과 같이 절대 음악을 거저 만들 수 있는 길을 열어 주지는 않는다.
　다만 기존의 음악을 만들기 위한 전통적인 방법들을 보다 현대화시켜서 경제적, 시간적으로 단축시켜 주고, 여러 작업 과정들을 보나 섬세히 다룰 수 있도록 도와 줄 뿐이다.
　어차피 세상은 점점 기술적으로 발달되어 가고, 기술의 발달은 사물을 대하는 인식이 바뀌게 하며, 인식이 바뀌면 어떠한 사상을 표현하는 방식도 바뀌게 마련이다.

　이러한 기술의 발달은 음악에 있어서도 전자악기의 발전을 가져왔다. 결국은 제조사 간에 연주 정보 전달에 대한 포맷을 통일시키려는 모임이 있었고, 1981년 일본 내의 제조사 간에 음계 컨트롤 전압을 통일시키려는 시기와 악기를 디지털

화하려는 시기가 맞물려 결국에는 미국과 일본의 합의 가운데 미디가 탄생하게 되었다.

　미디의 규격은 일본과 미국의 악기 제조회사 간의 합의로 이루어진 것으로, 전자악기 간의 디지털 정보를 교환할 목적으로 만든 세계 통일 규격이지만 완벽하게 통일되어 있지는 않다.

　MIDI에 관한 규격은 미국의 MMA(MIDI Manufacturer Association)와 일본의 JMSC(Japan MIDI Standard Comity)의 협의에 의해 결정된다.

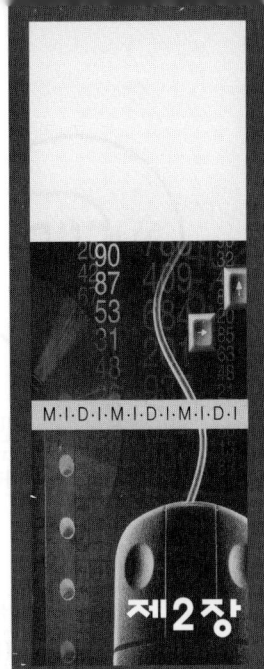

시스템

I 미디 관련 기기들
II Audio System
III System Block Diagram

미디 관련 기기들

미디 메시지에 대응하는 기기들은 의외로 아주 많다.

일반적으로 생각하는 시퀀서나 디지털 악기들 말고도 믹서, 사운드 이펙터, 심지어 조명기기에 이르기까지 상당히 다양하다.

몇 년 전에 있었던 대전 엑스포에서의 우리 나라 국악기들에 의한 자동 사물놀이를 기억하는 분들이 있을 줄 안다.

이것도 미디 메시지를 하드웨어적인 행동으로 표현할 수 있도록 프로그래밍 되어진 것의 일종이며, 또한 로봇 팔에 의한 자동 기타 연주 시스템 등 지금도 여러 사람들에 의해 미디 메시지를 이용한 기기들이 개발, 연구되고 있다.

실제로 독자 여러분들도 전기/전자 회로에 대해 조금만 지식이 있다면, 비록 기초적인 것이지만 몇십 원짜리 센서를 구해서 조그만 탬버린에다 부착하여 탬버린을 두드려서 얻는 값으로 미디 메시지를 입력할 수도 있다.

이 장에서는 일반적으로 미디 메시지를 직접적으로 다루는 관련 기기와 소프트웨어를 중심으로 설명하도록 한다.

Basic Hardware

하드웨어란 눈으로 보고 만질 수 있는 모든 기기를 말한다. 이러한 분류는 손으로 만질 수는 없지만 미디를 운용하는데 결정적인 역할을 담당하는 소프트웨어와 구별하여 사용한다.

그러나 모든 하드웨어를 하드웨어에 포함시켜 설명하기에는 너무 방대하므로 미디를 운용하는 데 가장 기본적인 하드웨어인 시퀀서와 컴퓨터만을 별도로 구분하여 설명하도록 하겠다.

Sequencer

시퀀서는 원하는 정보를 정해진 순서에 따라 순차적으로 발생시킬 수 있는 장치로서, 미디에서는 음악에 필요한 미디 메시지들을 입/출력할 수 있는 하드웨어를 말한다.

미디용 악기를 연주하기 위해서는 언제, 어떤 악기가, 어떤 음을, 어떤 방법으로 연주할 것인지를 정하는 순차적인 신호가 필요한데 그것을 시퀀서에 사용자가 필요에 따라 순차적으로 입력시키고, 반대로 입력된 순서에 따라 신호를 내보냄으로써 연결된 미디 기기들을 통제/연주하도록 한다.

시퀀서는 컴퓨터보다 먼저 각광받기 시작하여 현재도 많은 사람들이 사용하고 있으며, 시퀀서도 두뇌 역할을 하는 프로세서를 포함하고 있으므로 일종의 컴퓨터라고 할 수 있다.

근래에 들어 시퀀서를 아주 천대시하거나 컴퓨터의 대용품으로 여기기도 하는데 이는 아주 크게 잘못된 생각이다.

또한 컴퓨터에 의한 결과물보다 절대 떨어진다고 볼 수 없으며, 마지막에는 음악 그 자체로서 남는 것이기 때문에 시퀀서도 사용자의 능력에 따라서는 아주 훌륭한 음악 도구가 된다.

다시 말해서 시퀀서든 컴퓨터든 중요한 것은 사용자의 능력이고 이에 따른 음악이라는 결과물인 것이다.

시퀀서는 크게 독립적인 형태의 것과 워크스테이션급 신시사이저에 내장된 것(Built-in Sequencer)으로 나눌 수 있다. 그 종류는 대단히 많으며 외부 기기와의 동기 기능 등 다룰 수 있는 신호의 수와 여러 가지 부가적인 기능에 따라 가격도 천차만별이다.

그러나 앞으로 알아볼 시퀀서 소프트웨어들과 마찬가지로 용어만 약간씩 다를 뿐 기본적인 원리나 작동법은 상당히 유사하다.

다만, 시퀀서는 크기가 작아서 휴대하기 편리한 점은 있으나 화면이 그만큼 작아지기 때문에 모든 용어들이 약어로 표기되며, 따라서 컴퓨터와 시퀀서 소프트웨어를 사용하던 사람들은 다소 작업시 불편함을 느낄 수 있다. 또한 여러 가지 기능이나 확장성 면에 있어서도 좀 떨어지는 면이 있다.

우리 나라에서는 롤랜드(Roland)사의 MC-500, MC-500 MK II에 이어 MC-50으로 이어지는 MC 시리즈가 아주 각광을 받았으며 현재도 일선에서 많은 음악인들이 사용하고 있다.

ALESIS_MMT-8

Roland_MC-50

〈보기 2-1〉 시퀀서

Computer

컴퓨터로 시스템을 구성한다는 것은 시퀀서 대신 컴퓨터를 사용한다는 것이다.

컴퓨터는 현재 가장 많은 음악인들이 사용하고 있는 시퀀서의 대용품이다.

그러나 시퀀서의 대용이란 차원을 넘어, 컴퓨터에는 성능 좋은 마이크로 프로세서가 내장되어 있고 충분한 메모리와 큰 모니터까지 있으므로 이를 운용시킬 수 있는 소프트웨어만 있다면 컴퓨터는 그 어떤 시퀀서보다도 더 좋은 시퀀서가 될 수 있다.

더불어 컴퓨터를 사용하게 되면 음악에 관련된 수많은 소프트웨어들을 선택하여 사용할 수 있기 때문에 그로 인해 얻을 수 있는 장점은 너무나 많다.

특히 요즘에는 단순히 음악을 만든다는 차원을 넘어서 동영상과의 매치나 녹음, 멀티미디어 작업을 병행하는 경우가 많기 때문에 컴퓨터를 선호하는 편이다.

일례로 필자가 이 글을 쓰기 위해서 음악 프로그램과 그래픽 프로그램, 워드 프로그램이나 자잘한 유틸리티를 병행하여 사용하는 것도 그 중 하나라 할 수 있을 것이다.

그러나 컴퓨터를 음악에 사용한다는 것은 작업의 효율성이 높아진다는 것이지 결과물의 질이 좋아진다는 것은 아니다. 결과물은 사용자의 능력에 따른 것이다.

미디만을 하기 위한 컴퓨터는 IBM 호환 계열에서는 386급 정도면 충분하고, Atari에서는 1040 ST$_{FM}$, 매킨토시에서는 클래식(Classic) 정도로도 충분하다.

그러나 요즘의 프로그램들이 거의 컬러화 되어 있고, 기능들이 다양화, 세분화됨에 따라 하드 디스크 레코딩의 병행이나 보다 빠른 작업을 원한다면 되도록 고성능의 것이 좋으며, 더불어 충분한 램(Random Access Memory)을 확보하는 것이 좋다.

또한 일반적인 시퀀서나 보급형의 아타리, 초기의 애플과 같은 내장 하드 디스크가 없는 것보다는 있는 것이 파일이나 악보, 음색 등의 자료 관리를 위하여도 좋으므로 하드 디스크는 되도록이면 장만하는 것이 좋다.

또한 별도의 외장 하드를 준비하여 수시로 백업(Back-up)해 두는 습관을 기르도록 하자.

그러나 굳이 이러한 이유 때문이 아니더라도 자신의 숙련도에 따라 좀더 좋은 것, 좀더 확장성이 많았으면 하는 욕심이 생기기 때문에 여유가 있다면 처리 속도가 빠른 것을 구입하는 것이 좋고, 직업적으로 미디에 접근하고자 한다면 반드시 컴퓨터를 갖추라고 권하고 싶다.

몇 년 전까지만 해도 컴퓨터 값이 자동차를 넘어서 웬만한 전세집값만 했었는데 지금은 가격이 많이 보편화 되었으므로 구입할 만할 것이다.

컴퓨터는 크게 2가지 종류로 구분되어지는데 일정한 위치에 고정되어 사용되는 데스크 탑(Desk Top)형과, 들고 다닐 수 있는 IBM 호환계열의 노트 북(Note Book)이나 매킨토시 계열의 파워 북(Power Book)으로 대표되는 휴대형이 있다

데스크 탑형은 휴대형보다는 같은 성능이라도 가격이 싼 반면 이동시에 불편하고, 반대로 휴대형은 가격은 비싼 편이지만 라이브나 이리저리 장소를 옮기면서 작업을 해야 하는 사람들에게는 효과적이다.

컴퓨터는 어떠한 것을 구입하든 가장 중요하게 여겨야 할 것 중 하나가 바로 컴퓨터의 운영체계인 OS(Operating System)이다.

OS는 컴퓨터가 어떤 식으로 운영되는지에 관련된 모든 프로그램들의 집합체인데, 그저 컴퓨터만 있으면 미디가 되는 줄 알고 컴퓨터를 덜컥 구입했다가 음악을 만드는 시간 보다 컴퓨터와 씨름하는 시간이 더 많아지는 사람들을 여러 번 본 적이 있다.

그러므로 OS가 되도록이면 복잡하지 않고, 주위의 도움을 받을 수도 있으면서 자신이 쉽게 접근할 수 있는 기종으로 선택하길 바란다.

Atari_1040STE

IBM 호환기종　　　　　　　Macintosh Power Mac 8500

Note Book_LEO　　　　　　Power Book_5300cs

〈보기 2-2〉 각종 컴퓨터

Software

미디 시스템에서의 컴퓨터는 아주 중요한 역할을 한다. 그러나 컴퓨터만으로는 그 역할을 할 수가 없으며 반드시 미디를 지원하는 소프트웨어가 있어야 한다.
 소프트웨어는 앞에서의 시퀀서나 컴퓨터를 미디 활용을 위한 목적으로 사용 가능하게 해 주는 일종의 명령체계를 가시화한 것이다.

 일반적으로 소프트웨어라 하면 퍼포머, 케이크 워크 등 미디 관련 소프트웨어만을 생각하기 쉬우나 시퀀서, 신시사이저를 비롯하여 샘플러나 믹싱 콘솔 등을 운용하기 위해서도 별도의 소프트웨어가 부가되는 경우가 있으며, 이러한 소프트웨어들도 자꾸 버전이 높아지므로 한번쯤 구입처에 문의하여 최신의 버전을 사용하는 것이 좋다.

 음악 관련 소프트웨어는 크게 음악만을 만들기 위한 시퀀스 전용 소프트웨어와 악보 사보를 목적으로 하는 노테이션 소프트웨어로 나뉘어지며, 그 밖에 음색 관리를 하기 위한 것, 디지털 녹음을 하기 위한 하드 디스크 레코딩 소프트웨어 등 성격에 따라 여러 가지가 있다.
 소프트웨어들이 점점 진화됨에 따라 녹음된 오디오 신호를 계산하여 음표화시켜 준다든지, 스캐너(Scanner)로 스캐닝된 그래픽 이미지의 악보를 미디 데이터(노트 메시지)로 변환시켜 준다든지 하는 여러 가지 새로운 것들이 출시되고 있다. 또한 한 가지만을 목적으로 하지 않고 시퀀스+노테이션+하드 디스크 레코딩 등을 모두 처리할 수 있는 복합적인 것들로 가는 추세이기도 하다.

 미디를 이용하여 음악을 만들기 위해서는 기술적인 완성도가 높아야 하고, 기술적인 완성도는 소프트웨어의 숙련된 조작에서 비롯되기 때문에 소프트웨어를 정확히 숙지하고 자신만의 작업 방법을 빨리 터득하는 것이 좋은 소리를 얻을 수 있게 한다.

가끔씩 필자는 어떻게 하면 소프트웨어를 잘 다룰 수 있게 되느냐, 어떻게 하면 음악을 잘 만들 수 있게 되느냐는 질문을 받는데 이것에 대한 답변은 오직 하나밖에 없다.

"엉덩이가 무거울 것!"

혹자들은 특정의 소프트웨어를 좋다, 나쁘다로 구분하고 심지어는 쌍심지를 켜가며 열변을 토하기도 한다.

그들이 말하는 것의 핵심은 주로 기능의 많고 적음이나 기동 방법에 관련된 것들이다. 이에 대한 필자의 생각은, 그것은 어디까지나 취향 문제일 뿐이므로 어느 것이나 같다고 본다.

사실 미디 메시지는 이미 불완전하나마 주도적인 협의체들에 의하여 규정되어 있기 때문에 소프트웨어상에서는 용어와 쓰는 방법만 다를 뿐, 어느 소프트웨어이든 관련된 한 가지 것만 정통하게 되면 다른 제품, 다른 하드웨어의 것일지라도 충분하게 다룰 수 있게 된다. 그러므로 어느 것이 좋고, 어느 것이 나쁘다라고 말하는 주변의 이야기에 신경쓰지 말도록 하자.

Sequencer Software

미디 관련 소프트웨어의 대명사격이 시퀀서를 대신할 수 있게 해 주는 시퀀서 소프트웨어이다.

시퀀서 소프트웨어를 사용하게 되면 우선, 컴퓨터의 사양에 따라 달라지겠지만 고속의 처리 속도와 더불어 큰 모니터 화면이 제공되므로 작업이 보다 수월해진다. 또한 관련 소프트웨어를 모두 열어서 작업을 보다 용이하게 할 수 있다.

시퀀서 소프트웨어는 각 제조회사들이 저마다의 특징으로 내세우는 여러 가지 기능을 가지고 있는데, 그 중에서 데이터의 편집을 얼마만큼 빨리, 세밀히, 정확히 할 수 있느냐를 자신의 작업 스타일이나 취향에 맞추어 우선적으로 살펴보아야 한다.

시퀀서 소프트웨어를 사용하는 첫째 목적이 소리를 만든다는 것에 있기 때문에 입력하는 과정의 용이성과 더불어 입력 후 수정하는 과정인 편집에 대한 기능이야 말로 시퀀서 소프트웨어를 사용하게 만드는 가장 중요한 이유(취향)가 된다. 또한 라이브를 목적으로 한다면 연주 방법에 관한 기능들도 살펴보아야 한다.
시퀀서 소프트웨어에 의한 데이터의 편집이라는 측면은 상당히 중요하다.
편집이라는 과정을 통해서 데이터들을 보다 세밀히 다듬을 수 있을 뿐만 아니라 기존의 곡을 바탕으로 전혀 새로운 창작을 할 수도 있기 때문이다.

또 한 가지 고려할 것은, 일반적으로 소프트웨어들은 기능의 많고 적음에 따라 아마추어용과 프로용으로 구분짓기는 하는데 이러한 것은 그다지 중요하지 않으며 보다 중요하게 여겨할 것은 바로 분해능(Resolution)이다.
분해능이란 다른 말로 타임 베이스(Time Base)로도 풀이되는데 미디 메시지들을 얼마만큼 세밀히 쪼개어 다룰 수 있느냐 하는 것이다
그 대표적인 예가 음표에 해당되는데, 예를들어 4분음표를 기준으로 일반적인 시퀀서에서는 최대 96단계로 나눌 수 있었던 반면 컴퓨터에 사용되는 시퀀서 소프트웨어들은 120, 240을 넘어서 480단계나 그 이상으로도 세밀히 조절할 수가 있다.
이 분해능을 쉽게 이해하기 위해 예를 들자면, 점을 찍어서 하나의 원을 그린다

고 했을 때, 그리고 그 점을 찍을 수 있는 수를 제한한다고 했을 때 96개의 점으로 나타내는 것과 480개로 나타내는 것 중 어느 것이 더 정밀할지를 생각해 보면 쉽게 이해가 갈 것이다.

음악은 장르나 연주자의 감성에 따라 악보로는 표기하지 못하는 아주 독특한 흔들림이 있다. 그리고 이것을 지원하기 위해서 많은 소프트웨어들이 별도의 기능을 부가하여 미리 입력된 정보에 따라 소프트웨어적으로 처리할 수 있도록 하는 형편이다. 따라서 세밀한 흔들림을 표현하기 위해서는 많은 분해능이 지원되는 것이 좋을 것이다.

C-LAB_Notator

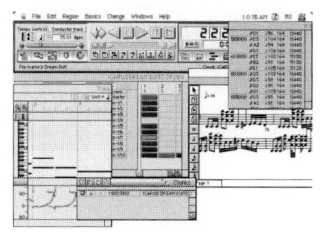 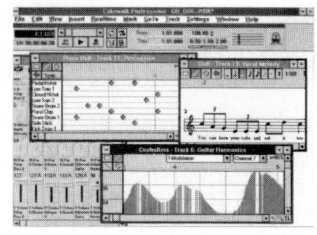

Mark Of The Unicorn_Performer   Twelve Tone Systems, Inc._Cakewalk Professional

〈보기 2-3〉 시퀸서 소프트웨어들

Notation Software

노테이션 소프트웨어는 음악의 소리를 만드는 것보다는 악보 사보를 주목적으로 한다.

앞에서도 밝힌 바와 같이 요즘의 소프트웨어들은 복합적인 처리를 할 수 있도록 하는 추세이지만, 악보 출판을 목적으로 한다면 노테이션만을 전문으로 하는 소프트웨어들을 사용하는 것이 좋다.

사실 서양음악이 생성된 지는 상당히 오랜 기간이 흘렀으나 그 다양성으로 인해 음악의 성격을 구분짓는 장르뿐만 아니라 가장 기본적인 언어 수단이라 할 수 있는 악보에 있어서도 사보 방법의 명확한 규정이 정해져 있지 못한 형편이다.

특히 현대 음악의 악보에 있어서는 너무나 독특한 기보 방법 때문에 웬만한 소프트웨어로는 처리하기가 곤란하다. 따라서 시퀀서 소프트웨어와는 달리 전문적인 것일수록 기능의 차이에서 오는 출력물의 질이 높아진다고 할 수 있다.

이에 따라 DTP(Desk Top Publishing)에는 쿼크 엑스 프레스(Quark XPress)가 있듯이 악보 사보에는 피날레(Finale)가 전문적으로 가장 많이 선호되고 있다.

피날레는 다양한 기능과 그에 따른 효과만큼이나 복잡한 사용법 때문에 심심풀이 삼아 접근하기는 어려우나, 인쇄에 의한 출판을 목적으로 한다면 이것의 사용을 고려해야 할 것이다.

그러나 동요나 성가 등 비교적 간단한 악보를 원한다면 시퀀서 소프트웨어에서 지원하는 것만으로도 충분하다.

Coda Music_Finale   Passport_Encore

〈보기 2-4〉 노테이션 소프트웨어

Digital Audio Hard Disk Recording Software

일반적으로 하드 디스크 레코딩이라 하는 것은 기존의 아날로그 오디오 테이프에 녹음하는 방식을 뛰어넘어 새로운 저장 매체인 하드 디스크에 녹음하는 것을 말한다.

하드 디스크에 녹음을 하게 되면 온도나 습도의 변화에 따라 훼손되는 일이 없을 뿐 아니라 복사나 편집에서 오는 열화가 거의 없기 때문에 아주 훌륭한 음질을 얻을 수 있다. 뿐만 아니라 소프트웨어적으로 제공되는 다양한 기능을 이용하면 별도의 외부 기기들 없이도 모든 편집을 자유롭게 할 수 있다. 또한 이들 제품은 미디 데이터와 오디오 데이터를 동시에 다룰 수 있는 것들도 있으므로 음악을 만들기에 아주 최적의 환경을 가지고 있다고 할 수 있다.

요즘같이 거의 모든 것이 디지털로 변화되어 가고 있는 현실에 맞추어 많은 음악인들이 하드 디스크 레코딩에 관심을 보이고 또 많은 수가 이를 현장에서 이용하고 있다.

또한 음악이라는 장르뿐만이 아니라 CD 타이틀 등의 멀티미디어 제품을 만들기 위해서는 모든 소리들을 디지타이징(Digitizing)해야 하기 때문에 하드 디스크 레코딩은 점점 중요한 기술 수단으로 자리잡아 가고 있다.

비록 아직까지는 가격이나 부가적인 면에 있어서 많은 사람들이 이용하기에는 어려운 점이 있긴 하지만 디지털 녹음 방식이 세계적인 추세로 변화되고 있는 시점에서 이 분야는 한 번 도전해 볼 만한 충분한 가치가 잠재되어 있는 분야이다.

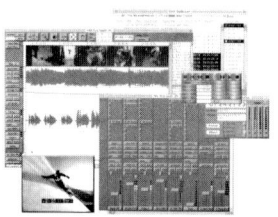
Digidesign_Pro Tools

Digidesign_Session 8

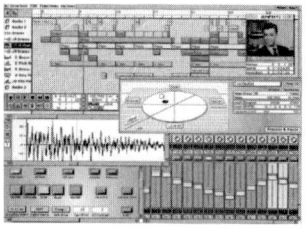
Emagic_Logic Audio

Mark Of The Unicorn_Digital Performer

〈보기 2-5〉 하드 디스크 레코딩 소프트웨어들

Editor/Librarian

디지털 악기는 어쿠스틱 악기와는 달리 어느 누구에게나 똑같은 환경을 제공한다는 장점이자 단점이 있다.

즉, 어쿠스틱 악기들은 똑같은 제조사에서 만든 같은 모델이라 할지라도 악기의 제조 공정이나 보관 상태, 연주 환경, 연주자의 연주 습관 등에 따라 음색이 달라진다. 그러나 디지털 악기들은 모든 상황이 언제 어디서나 일정하고, 또한 돈만 있으면 각 제조사들이 제공하는 음색 카드나 CD 등을 이용하여 음색의 추가가 가능하기 때문에 자신만의 소리를 찾으려고 하는 노력을 게을리하게 되는 경우가 많다.

아직까지 우리 나라는 음악을 한다고 하면 전면에 나서서 노래하는 것만을 전부로 생각하는 일반인들이 많다.
나아가서 현재는 가수를 표방하는 마이크를 든 댄서가 더 각광받고 있는 현실이기도 하다. 하지만 이를 뒷받침한 것은 샘플 CD를 이용하여 음악을 만들 수 있는 기술적인 발달이었다.

어쨌든 하나의 음악을 만들기 위해서는 많은 사람들이 공을 들여야 하는데, 그 중의 하나가 바로 신디스트(Synthist)이다. 우리 나라에서는 아직까지 신디스트라는 개념조차 이해되지 못하고 있는 형편이지만, 가까운 일본만 하더라도 디지털 악기의 연주와 녹음을 위해서는 신디스트가 연주자의 요구에 맞추어 음색을 만들어 준다. 그러나 디지털 악기로 음색을 만드는 것도 어쿠스틱 악기의 연주자들 만큼이나, 또는 그 이상의 많은 노력이 필요하다.

에디터/라이브러리언 소프트웨어는 바로 신디스트를 대신하여 음색을 관리할 수 있는 소프트웨어의 총칭이다. 이러한 소프트웨어들은 음색을 보다 그래픽적으로 만들 수 있도록 해줄 뿐만 아니라 컴퓨터에 저장하고 언제든지 불러 쓸 수 있기 때문에 음악을 만드는 데 있어서 그 폭을 한층 넓혀 준다.
음악의 성격을 가름하는 데 있어서 빼놓을 수 없는 것이 바로 음색의 차별화이다. 과거에는 음악의 요소를 크게 멜로디, 리듬, 화성의 3가지로 구분하였지만, 현재는 일부에서 그에 덧붙여 형식과 음색을 포함시키기도 할 만큼 음색은 곡의 성격을 가름하는 중요한 수단이 되고 있다.

이렇게 음악에서의 소리의 색깔은 대단히 중요할 뿐만 아니라 하나의 자원으로서도 무궁한 미래를 가지고 있다. 우리 나라와 같은 유형의 자원이 거의 전무한 나라에서는 소리와 같은 무형의 자원을 개발하는 것도 국제 경쟁력을 높이는 하나의 대안이 될 수 있으리라 본다.

어차피 디지털 악기는 거의 모두가 외국의 것이지만, 거기서 나오는 소리마저 외국의 소리라는 현실은 참으로 가슴아픈 일이 아닐 수 없다. 우리의 좋은 소리인 가야금이나 거문고, 아쟁 등의 국악기 하나도 표현할 수 없는 현실이 이를 단적으로 대변해 준다.

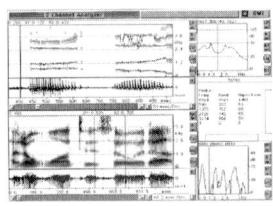

GW Instruments, Inc._SoundScope

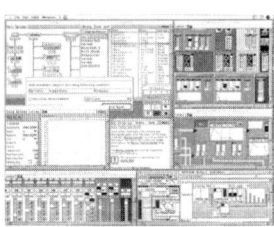 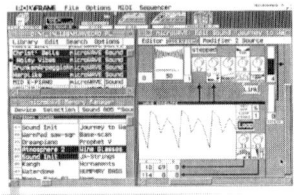

Emagic_Sound Diver　　　　　C-LAB_Poly Frame

〈보기 2-6〉 음색 에디터 소프트웨어

그 밖의 소프트웨어

이외에도 코드만 적어 주면 자동으로 반주를 만들어 주는 것에서부터 드럼의 리듬 패턴을 만들어 주는 것, 유명 작곡가나 그의 곡들을 해설/분석해 놓은 것 등 여러 가지가 있으며, 미디 메시지를 직접 처리하지는 않지만 샘플러를 제어하는 것, 외부 믹싱 콘솔을 제어하는 것에서부터 심지어 사운드 이펙터를 소프트웨어적으로 대신하는 것까지도 있다.

미디 메시지를 활용하는 대표적인 소프트웨어로는 시창, 청음, 작곡법, 편곡법 등을 배울 수 있는 교육 목적의 소프트웨어가 있는데, 교육용 소프트웨어들은 사용자가 혼자서도 소프트웨어에서 제시하는 과정에 따라 학습, 문제풀이 등을 통하여 목적하는 음악적 지식을 배울 수 있게 되어 있다.

그러나 그 수준이나 완성도는 상당히 차이가 나므로 구입을 원할 때에는 시간을 두고 자세히 알아 본 뒤에 구입하는 것이 좋다.

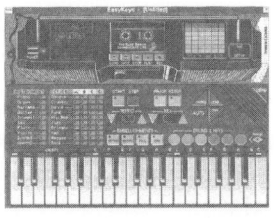

Blue Ribbon Soundworks_Super Jam

Emagic_Hear Master

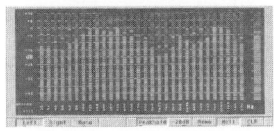

Media Teac_Rhythm Brainz Plus

Steinberg_Audio Spector

〈보기 2-7〉 그 밖의 소프트웨어

MIDI Instrument

　미디를 지원하는 악기들은 크게 아날로그 타입과 디지털 타입으로 구분할 수 있는데, 현재는 아날로그 타입의 것을 사용하는 층이 거의 전무하기 때문에 이에 대한 것은 다루지 않기로 한다. 그러나 아날로그 형태의 구조를 디지털로 처리하여 제어할 수 있도록 하는 제품들이 근래에 많이 출시되고 있다.

　또한 기타나 피아노, 드럼 등과 같은 특정 악기군의 음색만을 지원하는 형태의 것들도 있다.

　미디에 대응하는 디지털 악기들을 말할 때 빠질 수 없는 것이 신시사이저(Synthesizer)이다. 신시사이저는 특정의 발진기(Sound Generator)에 의해서 소리를 생성/합성할 수 있는 기기의 총칭이다.

　신시사이저는 전기적인 변화를 일으키는 아날로그 방식과 전자적인 변화를 일으키는 디지털 방식으로 크게 나눌 수 있으며, 현재는 아날로그 방식보다는 사용의 편리함과 주변 기기와의 호환성 때문에 디지털 방식을 더 선호하는 편이다.

　또한 미디는 디지털 통신 규약에 포함되기 때문에 미디 관련 악기나 그 밖의 기기들은 모두 디지털화 되어 있다. 따라서 어쿠스틱이니 아날로그와 같이 외부적인 환경의 변화에 따라 음색의 변화를 기대하기는 힘들고, 그 변화의 정도를 사용자의 노력에 의해 미리 제어해 두어야 한다.

　신시사이저의 음향합성 방식은 크게 FM(Frequency Modulation)방식과 PCM(Pulse Code Modulation)방식으로 나뉜다.

　FM방식은 일반적으로 롬이라 불리우는 기억 회로에 주입 시킨 정현 파형을 읽어 내는 속도를 변화 시킴으로써 여러 가지 파형을 발생시켜 소리를 얻는 방식이다. 이 FM음원을 이용한 신시사이저는 알고리즘(Algorithm)의 변형, 즉 여러 개의 오실레이터를 직렬이나 병렬, 또는 직렬과 병렬의 병행이라는 배열 방식에 따라 무한의 소리를 얻을 수 있다.

그러나 이러한 파형을 만들어 내기 위해서는 방대한 장비와 경험, 시간 등이 필요하므로 사실상 일반인들이 좋은 소리를 만들기에는 무리가 따른다. 하지만 이 방식은 이미 대량으로 출하되고 있는 램이나 롬 카트리지 혹은 디스크에 담겨진 음색 데이터 가운데에서 선택하여 이를 보정해 나가면서 사용할 수도 있다.

이 FM방식은 최근까지 신시사이저나 음악 카드에 가장 많이 사용된 방식 중의 하나이며, 강력한 스트링(현악기)과 다양한 특수음 합성을 특징으로 한다.

PCM 방식은 아날로그를 디지털로 변환하는 대표적인 방법으로 마이크 등으로 채록(Sampling)된 아날로그 신호를 디지털 부호로 변환하여 소리를 얻는 방식을 말한다.

이 방식은 소리들이 실제의 것과 거의 구분이 안 될 정도로 수준이 높다는 장점을 가지고 있어서 근래에 들어 많이 이용되고 있는 방식이다.

반면에 단점은 음의 기본 파형을 일반인들이 만들기 어렵다는 것이다. 그래서 요즘의 특정 제품에는 이러한 단점을 보완 하기 위해서 파형을 여러 개 결합할 수 있는 방식을 선보이고 있다.

이 밖에 음원은 샘플링에 의한 파형을 그대로 이용할 수도 있고 이것을 아날로그적인 편집 방법을 통하여 음색의 합성이 가능한 AI(Advanced Initialize) 방식이나 정현파가 읽어 내는 위상각을 왜곡하여 다양한 파형을 만들어 낼 수 있는 IPD(Interactive Phase Distortion)방식, 사운드 캔바스(Sound Canvas)를 통하여 잘 알려진 깔끔하고 부드러운 특징을 지닌 LA(Linear Amplitude) 방식 등 여러 가지가 있다.

사실 얼마 전까지만 하더라도 FM방식에 이어 PCM이 나타나면서 이전의 방식들은 사장되어 버릴 것 같은 분위기였으나, 음악인들 사이에서 구형의 모델들도 꾸준히 선호되고 있어서 제조사들도 이들의 입맛을 맞추려는 듯 지금은 골통품 취급 당하는 아날로그 방식의 것들도 출하하고 있는 실정이다.

이 세상의 모든 소리는 음악에 사용할 수 있다.
소리는 소리 그 자체이지 좋은 소리나 나쁜 소리로 구분짓는 것은 별 의미가 없다고 본다.
다만 자신이 목적하는 것에 맞는 소리를 선호할 수 있을 뿐이다.
마찬가지로 미디 관련 악기들도 음색의 여러 가지 합성방식들 중 어느 방식의 것이 좋다라고 할 수 없을 정도로 특징이 다 다르므로 자신의 취향에 따라 선택하는 것이 좋다.

Keyboard

신시사이저는 특정의 발진기에 의해서 소리를 생성/합성할 수 있는 기기임은 앞에서 이야기하였다. 그러나 일반적으로 신시사이저라 함은 건반악기(Keyboard)류를 일컫는 경우가 많다. 왜냐하면 신시사이저가 되기 위해서는 그 기기 자체적으로 소리를 발생시킬 수가 있어야 하는데 이를 위해 건반부를 이용해야 하기 때문이다.

키보드는 단순히 건반을 연주하여 내장된 음원을 소리낸다는 차원을 넘어서, 요즘에는 올 인 원(All In One) 타입의 것이 많이 선보이고 있다. 즉, 연주를 위한 건반부, 소리를 생성/합성할 수 있는 에디팅부와 더불어 시퀀서부까지 내장되어 있으며, 근래에 들어서는 샘플러 기능까지 갖춘 제품이 선보이고 있다.

그러나 필자 개인적인 입장으로는 이러한 제품이 과연 실용적인가 하는 의문을 제기해 본다. 어차피 미디를 이용하는 대부분의 사람들이 컴퓨터를 사용하기 때문에 시퀀서부가 내장된 제품은 가격만 높아질 뿐이다. 또한 샘플러 기능을 갖춘 제품도 샘플 기능이 된다라는 것뿐이지, 이 샘플 기능을 음원부와 같이 자유롭게 사용하기 위해서는 또 부가적인 장비를 추가시켜야 함으로 여간 골칫거리가 아닐 수 없다.

키보드를 구입하기 위해서는 그 제품의 특징적인 기능이나 디자인(인체공학적인) 등도 중요하지만 먼저 건반의 터치감을 고려해야 한다. 건반의 터치는 크게 피아노 터치와 오르간 터치로 나누어지는데 터치감이 다르면 연주자의 감각은 상당히 달라진다. 물론 두 가지 모두가 있다면 좋겠지만 피아노 터치를 연주하기에 장력이 딸리는 사람들은 오르간 터치의 건반을 구입하는 것이 좋다. 어차피 피아노 음색보다는 여러 가지 다른 음색들을 연주해야 할 경우가 많으므로 각각의 음색들이 가지는 메커니즘을 구현하기 위해서는 좀더 부드러운 오르간 터치가 여러 모로 유리하다. 물론 어느 것이나 애프터 터치가 지원되는 것이 좋다.

아울러 자신이 원하는 음색인가, 음색의 편집을 위한 기능은 어느 정도인가, 내장된 사운드 이펙터는 몇 개가 있으며 이를 얼마나 자유롭게 사용할 수 있는가, 녹음을 위한 오디오 출력은 몇 개인가 등 여러 가지 면을 사전에 충분히 검토해 보는 것이 좋다.

Ensoniq_TS-12

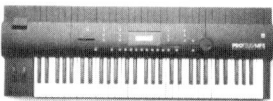 

Emulator_Proteus/MPS   Korg_TRINITY

〈보기 2-8〉 키보드 신시사이저

Sound Module

사운드 모듈은 일반적으로 음원 또는 모듈이라는 말로 대신하기도 하는, 마치 노트 북 컴퓨터와 같은 휴대용 신시사이저라 할 수 있다. 이것이 키보드류와 다른 점은 건반이 없다는 것뿐이다. 사운드 모듈은 대부분 원가 절감을 목적으로 한 것이기 때문에 별도의 음색을 조절할 수 있는 기능은 제공하지 않고 단순히 음색만 꺼내어 쓸 수 있는 형태로 나오기 시작했다. 현재는 신시사이저에서 건반부와 시퀸서부만 없을 뿐 심지어 샘플링 기능까지 병행되는 등 모든 기능을 제대로 갖춘 형태가 출하되고 있다.

사운드 모듈에는 특정 악기의 음색만을 위한 기종들이 많은데 피아노 전용, 오케스트레이션 전용, 드럼 전용 등이 있다.

특히 드럼 전용의 사운드 모듈은 지금은 잘 쓰이지 않는 드럼 머신(Drum Machine)을 대신하여 트리거 기능과 샘플링 기능까지 겸하고 있을 정도로 발전되었다.

 사운드 모듈은 가격이 저렴하고, 각 제조사가 일정한 크기로 만들기 때문에 랙(Rack)에다 장착시키면 공간을 덜 차지하여 이동이 편리하다. 따라서 마스터 키보드나 그를 대신할 키보드가 한 대라도 있으면 추가로 이를 구입하는 것이 좋다.
 특히 미디의 초보자일 경우에는 가격이 저렴한 사운드 모듈로 미디의 기본기를 익히면서 그와 관련된 장비들에 대한 지식을 충분히 습득하는 과정을 거치는 것이 좋다.

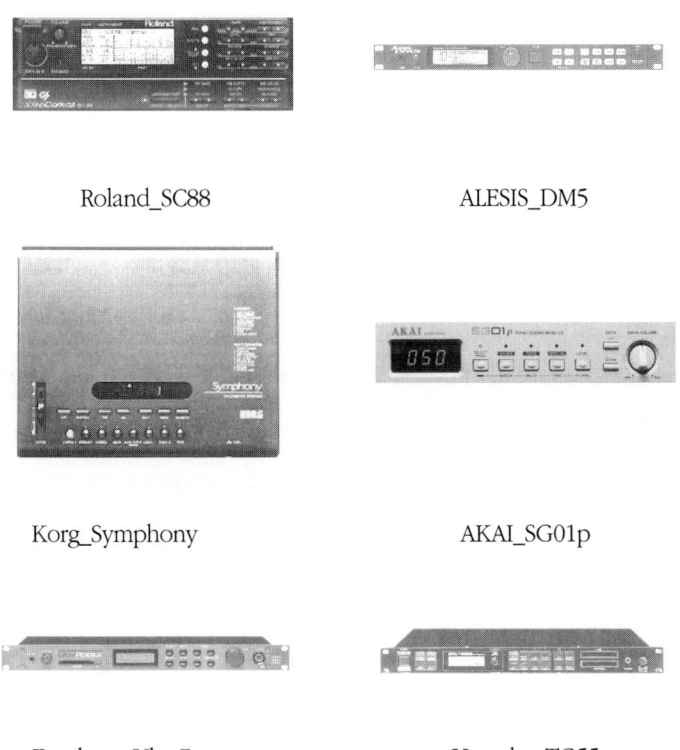

Roland_SC88　　　　　　　ALESIS_DM5

Korg_Symphony　　　　　　AKAI_SG01p

Emulator_UltraProteus　　　　Yamaha_TG55

〈보기 2-9〉 사운드 모듈

Sampler

샘플러는 샘플링 방식에 의하여 구동되는, 근래에 들어서 각광받기 시작하는 디지털 악기이다.

샘플링 방식이란 자연에 존재하는 실제의 소리들이 갖는 연속적인 파형을 샘플링 비율에 따라 아주 작은 시간으로 분할/측정하여 불연속적인 수치들로 바꾸는 것을 말한다. 예를 들어 공기의 연속적인 진동에 의한 파형, 즉 소리를 마이크로 잡으면 마이크의 진동판이 앞뒤로 움직이면서 0의 기준선을 위아래로 오르내리게 되는데, 이것을 전기적인 신호로 바꾼 후, 다시 자기적인 신호로 바꾸어 오디오 테이프에 녹음하던 것을 디지털로 부호화하여 디스크에 저장하는 것이다. 이때 불연속적으로 측정하기 위하여 나눈 작은 시간을 샘플링 타임이라고 하며, 샘플링 기능을 하는 기기를 샘플러라고 한다.

샘플러에서 가장 중요한 것은 얼마만큼 원음에 가깝게 측정할 수 있는가 하는 것인데 이를 샘플링 비율이라 하며, 비율이 높을수록 보다 원음에 가깝게 된다.

예를 들어 20 KHz라 하면 1초에 신호를 20,000번 측정할 수 있다는 것인데, 샘플링 비율이 높을수록 차지하는 메모리가 커지므로 샘플러를 실질적으로 사용하기 위해서는 작업할 수 있는 공간인 램이 많이 확보되어 있어야 하며, 작업된 데이터를 저장하기 위한 별도의 디스크나 DAT를 이용한 저장 장치가 필요하다.

샘플러 비율에 따라 차지하는 공간은, 오디오 CD 수준인 44.1 KHz로 할 경우에 분당 10.32 Mb가 든다. 그래서 샘플러를 제대로 활용하기 위해서는 배보다 배꼽이 더 큰 경우, 즉 옵션 장비에 들어가는 비용이 더 커질 수도 있다.

샘플러를 이용하면 이론적으로는 지구상에 존재하는 모든 소리를 자신이 임의로 변형시켜 악기의 음색으로 이용할 수 있다. 그러므로 자신의 독창적인 음악을 위해서는 샘플러를 반드시라고 할 만큼 갖추는 것이 좋다. 특히 자신이 직접 샘플링하여 음색을 만드는 것도 좋고, 샘플러를 위한 샘플 CD들이 많이 발매되어 있으므로 이를 구입하여 사용하면 작업 시간을 단축할 수 있고 양질의 것을 얻을 수 있다.

요즘 우리 나라에 수입되어 소개되고 있는 샘플 CD들은 외국에서는 이미 일반화되어 많은 음악인들이 애용하고 있는 것들이다. 특히 샘플 CD만을 전문적으로 만드는 무수한 회사들이 서로 경쟁적으로 음색 데이터뿐 아니라 유명 연주인들의 연주 상태를 데이터화하였기 때문에, 경제적인 여건만 허락된다면 자신의 홈 스튜디오에서 유명 연주인들을 불러 놓고 세션을 시킨 것과 같은 음악을 만들 수가 있게 된 것이다.

그러나 샘플러를 이용하게 되면 음악의 창작보다는 짜깁기로 변질되는 경우가 많다. 이미 우리 나라의 많은 하우스 DJ들에 의해 기존의 음악을 믹싱하는 과정에서 샘플러를 이용한 많은 샘플 뮤직들이 선보이고 있다.

현재 우리 나라에서 각광을 받고 있는 댄스 뮤직류의 음악은 거의가 샘플러로 만들었다고 볼 수 있으며, 심한 경우에는 드럼, 베이스 패턴을 그대로 사용하는 것은 물론 특징적인 프레이즈마저도 그대로 사용하여 마치 짬뽕을 먹는 듯한 느낌을 갖게 한다.

이렇게 샘플러와 샘플 CD에 의한 음악은 창작(Creation)이라기 보다는 선곡에 의한 편집(Editing)에 더 가깝다고 할 수 있을 것이다.

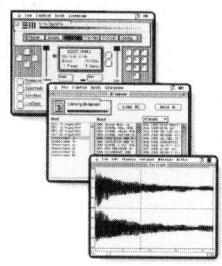

Emulator_IIIXP 관리용 소프트웨어

AKAI_S1100   Emulator_IIIXP

〈보기 2-10〉 샘플러와 샘플 CD

GS와 GM

앞에서 설명된 악기들의 주체는 여러 가지 기능적인 면도 있으나 가장 으뜸은 음색이다. 음색 이야기에 덧붙여 GS와 GM에 대하여 알아보도록 하자.

미디는 제조사들이 보다 수월한 판매를 목적으로 메시지의 규격화를 꾀한 것에서 시작되었음을 여러분들은 잘 알고 있을 것이다. 그러나 미디가 어느 정도 규격화 되어 있지만 문제는 완벽한 통일을 가져오지 못했다는 것인데, 이는 각 제품의 성격을 통일시켜야 한다는 모순을 동반하기 때문에 불가능할 것이라 여겨왔다.

좀더 부연하자면 미디 규격에 맞게 소프트웨어를 개발하고 그것을 미디 파일로 저장한다 하더라도, 다른 소프트웨어로 열고 기동시킬 수는 있지만 악기가 바뀌면 음색의 배열부터가 달라서 연주를 위해서는 별도의 작업을 거쳐야 하는 단점이 있었다.

그래서 이를 극복하고 자사의 표준 음원을 만들기 위해 롤랜드 사에서 80년대 후반부터 꾸준히 준비하여 하나의 규격을 들고 나왔는데 그것이 General Synth Standard이다. 그리고 과히 역사적인 모델이라 할 수 있는 SC(Sound Canvas) 시리즈의 등장과 함께 General Synth로 바뀌어 GS로 불리우게 된다.

참고로 롤랜드에 GS가 있는 반면 야마하에는 GSC(Golden Sound Council)라는 것이 있는데, 이는 롤랜드가 GS에 이은 GM으로 입지가 강화되자 야마하가 자신들의 FM 방식의 것들을 위한 규격으로 내놓았으나 현재는 자취를 감추고 말았다.
GS와 GM의 대응 여부는 각 악기의 전면에 로고를 그려 넣어줌으로 표시한다.

〈보기 2-11〉 GS와 GM의 로고

GS는 기본적으로 128개의 음색(Capital Tone)을 지원하며, 각각의 음색에는 7

개의 변형된 음색(Variation Tone)을 두어 뱅크 개념을 적용, 그때까지만 해도 사용하지 않던 미디 컨트롤러인 0번과 32번을 뱅크 실렉트(Bank Select)로 사용하여 각 변형된 음색을 선택할 수 있도록 하였다.

또한 10번 채널을 드럼 전용의 채널로 규정시킴과 더불어 각 노트에 설정된 개별적인 타악기의 음색을 지정하여 별도의 변경을 가하지 않는 한 누구나 통일되게 사용할 수 있도록 하였다.

물론 드럼의 음색을 곡의 장르별로 사용할 수 있도록 충분히 구분/증대시켜 놓았을 뿐 아니라 많은 수의 효과음들을 내장시켜 사용자들의 활용 폭을 넓혀 주었다.

그러나 무엇보다도 주목해야 할 것은 음색을 합성/저장할 수 있는 신시사이저와 달리 별도의 에디트 모드가 없어 그저 음색을 끄집어 쓰기만 했던 사운드 모듈에서도 각 드럼 구성 음색의 튜닝, 팬폿 등은 물론이고, 각 음색별로 TVF, TVA 등 비록 신시사이저의 그것들에는 미치지 못하지만 어느 정도의 음색을 편집할 수 있도록 했다는 점이다.

비록 음색을 편집한다는 것이 각 악기들마다 서로 다른 미디 컨트롤러와 NRPC(Non Registerd Parametar Control), 익스클루시브 메시지를 통하여 이루어진다는 단점은 있으나, 사용자의 능력에 따라 저가의 사운드 모듈에서도 아주 훌륭한 음악을 만들 수 있다는 점에서 높이 평가할 만하다.

GS는 롤랜드라는 일개의 회사가 정한 규격이지만 결과적으로 롤랜드는 이의 확산을 위해 세계적인 미디 협의 단체인 북미의 MMA(MIDI Manufacturer Association)를 통하여 GM(General MIDI)이라는 세계 공통의 규격을 내놓게 되었다.

그리고 일본을 대표하는 미디 협의체인 JMSC(Japan MIDI Standard Comity)의 인정을 받아 1991년에 탄생하게 되는데, 롤랜드사는 MMA에 GM을 제안할 때 음색 정보의 호환성을 위한 GS의 규약 중 필요불가결한 최소한의 부분만을 내놓았다. 따라서 서로 간의 알력에 의해 GS를 거부하던 분위기가 당시의 국제적인 불황기를 타개하기 위한 제조사들의 새로운 시장창출이라는 이해와, 좀더 미디의 통일성을 원하는 사용자들의 욕구를 바탕으로 GM이 승인되었다.

이렇듯 오늘날에는 GM이 세계적인 규격으로 통용되고 있지만 원칙적으로는 정식으로 등록된 규격은 아니다.

사실 미디라는 규약도 영업적 이익을 목적으로 정해졌기 때문에 그 이해 당사자들간에 이해가 절충되지 못하는 점이 있어서 가장 기본적으로 통일되어야 할 규격(규약, 법칙, 형식)이 아직까지도 완전히 자리잡지 못하고 있는 형편이다. 각 MIDI 협의체는 각 회원사들로부터 제안된 규격을 TSBB(Technical Standards Bulletin Boards)라는 부속 회의체에 상정/공고한 후 공개적인 협의를 거쳐 시행에 들어가고, 일정 유예기간이 지나면 정식 승인을 얻게 된다. 따라서 GS는 롤랜드라는 회사에서만 사용되면 그만이지만, GM이나 SMF(Standard MIDI File)들은 아직도 완벽하게 명문화되어 있지 못하고 일부 제품에만 사용되는 규격일 뿐이다.

그러나 어찌됐든 GM의 탄생은 사용자의 입장에서 보면 대단히 획기적인 것임에 틀림없다.

게임 개발자들은 엄청난 메모리를 차지할 배경음악을 GM으로 처리함에 따라 최소의 메모리를 사용할 수 있게 되고, 어느 사운드 카드나 사용할 수 있게 되었으며, 그 밖에 노래방 기기 개발업자 등을 비롯하여 음악인들도 데모 테이프를 대체할 수 있는 등 서로 간의 교류에 있어서 많은 도움을 주고 있다.

Controller

여기서의 컨트롤러는 제4장에서 다루게 될 미디 컨트롤러와는 다른 미디 메시지를 직접 연주/입력할 수 있는 기기들의 총칭이다.

컨트롤러는 여러 가지 방식의 연주법을 소화하고 있는데, 예를 들어 타격에 의한 방법, 손가락이나 피크로 팅기는 방법, 활로 긋는 방법, 입으로 부는 방법 등 여러 가지가 있다.

현재는 이렇게 컨트롤러의 대명사격이었던 건반 형태의 키보드류 뿐 아니라 거의 모든 악기의 메커니즘을 지원하고 있는 상태이다. 따라서 모든 형태의 컨트롤러가 있다면 각각의 것을 멀티 인터페이스에 접속하여 리얼 타임(Real Time)으로 훌륭한 연주 데이터를 얻을 수가 있게 되는데, 실제 우리 나라에서도 몇 년 전부터(비록 노래방용으로 쓰이지만) 이러한 방법으로 각 파트 연주자들의 생생한 연주감을 얻어 내고 있기도 하다.

Master Keyboard

마스터 키보드는 일반적으로 신시사이저를 일컬을 때 쓰이는 키보드와는 달리 자체 음원부나 시퀀서부는 갖고 있지 않고 미디 메시지를 보다 효과적으로 제어할 수 있도록 여러 가지 기능적인 면만을 부각시킨 건반 형태의 컨트롤러를 말한다.

마스터 키보드를 사용하게 되면 사용자는 시퀀서나 컴퓨터의 소프트웨어를 별도로 조작할 필요 없이, 연주나 녹음을 비롯하여 각 미디 컨트롤러에 관한 것 등을 마스터 키보드만으로 효과적으로 조작할 수 있다. 따라서 작업을 보다 수월하게 이끌어 갈 수가 있다.

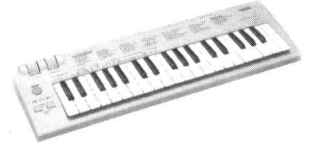

YAMAHA_CBX-K1　　　　　　　AKAI_MX1000

〈보기 2-12〉 마스터 키보드

Guitar Synthesizer

기타 신시사이저는 기타의 메커니즘을 이용한 컨트롤러이다.

사실 미디 작업시 가장 곤경에 빠뜨리는 것이 기타를 표현하는 것인데, 기타 신시사이저를 이용하게 되면 이론적으로는 거의 똑같은 기타의 연주법을 표현할 수가 있다.

그러나 기타라는 악기가 가지는 연주의 특성상 처리해야 할 미디 메시지가 상당히 복합적이고 그에 따라 그 양이 많아지므로 시퀀서나 컴퓨터(시퀀서 소프트웨어)의 처리 속도에 따라 그 효과의 정도가 많이 달라진다. 따라서 아주 좋은 환경이 아니라면 기타 파트의 전체를 리얼 타임으로 입력하기에는 무리가 있으므로 부분적으로 해결해 나가는 것이 좋다.

또한 기타라는 악기는 연주의 특이성만 있는 것이 아니라 연주자들마다 음색이 꽤나 다양한데 이를 해결하기 위하여 별도의 음원을 패키지로 묶어서 판매하는 경우도 있다. 그래서 다른 컨트롤러들과는 달리 일반적으로 신시사이저라는 명칭이 부가되었다고 볼 수 있다.

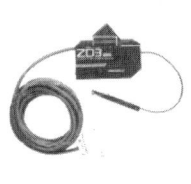
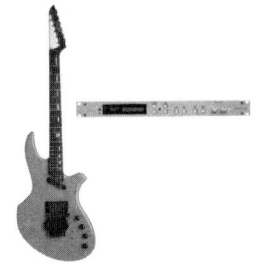

Korg_Z3   ZETA_MIDI Guitar

〈보기 2-13〉 기타 신시사이저

Wind(Breath) Controller

윈드 컨트롤러는 다른 말로 브레쓰 컨트롤러, 즉 입김에 의하여 미디 메시지를 제어하는 컨트롤러이다.

기타와 더불어 입으로 부는 악기들인 취주악기들의 연주법도 건반만으로 표현하기에는 많은 제약이 따르는데 이를 해결할 수 있는 것이 윈드 컨트롤러이다.

윈드 컨트롤러를 이용하게 되면 입김의 불안정에서 오는 미묘한 차이도 감지해냄으로써, 음색만 알맞은 것을 매치시키면 물론 훌륭한 연주가 선행되어야 하지만 꽤 근사한 데이터를 얻을 수 있다.

그러나 취주악기들은 입으로 불어서 소리를 낸다는 점만 같을 뿐 그 종류가 상당히 많으므로 이들 모두를 윈드 컨트롤러만으로 해결하기에는 무리가 따른다. 따라서 이를 제대로 활용하기 위해서는 본래의 취주악기를 잘 파악하고 있어야만 할 것이다.

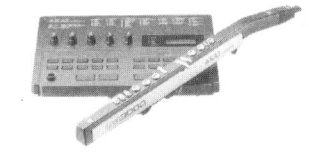

AKAI_EW13000m, EW13000

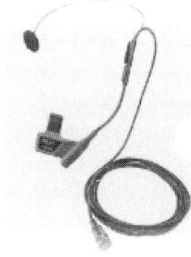

AKAI_X335i   Samik_DH-100

〈보기 2-14〉 윈드 컨트롤러들

Drum Pad

드럼 패드는 보통 트리거(Trigger)라 불리우는 역할을 하는 것으로, 일반적인 드럼 세트가 아니라 벨로서티에 반응하는 센서만 부착된 두드림판이다.

드럼 패드를 이용하면 실질적인 드럼을 연주하는 기분으로 디지털화된 타악기의 음색을 다룰 수 있다.

드럼 패드를 이용하는 방법은 비교적 간단하다.

드럼 패드는 패드 자체만으로는 소용이 없다. 그러므로 트리거가 지원되는 외부의 타악기 전용 사운드 모듈이나 패키지로 제공되는 음원을 장착한 후 각 패드별로 미디 채널과 음색, 즉 원하는 타악기가 설정된 노트 넘버를 지정해 주고 연주하면 된다.

이러한 패드는 비교적 가격이 저렴하지만 되도록이면 벨로서티에 민감하게 반응하는 것이 보다 실제적인 감을 얻을 수 있을 것이다. 또한 몽둥이(Stick)로 계속 두들겨야 하기 때문에 두드림판의 재질이 부드러우면서도 내구성이 강한 것이 손목의 보호에도 좋고 연주감도 좋게 된다.

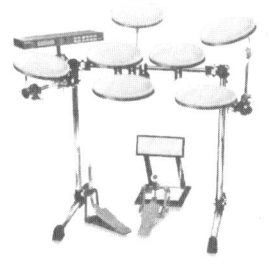
ALESIS_ATK

KAT_ultimateKIT

〈보기 2-15〉 드럼 패드(트리거)

MIDI Interface

미디 인터페이스는 '잇다/조화롭게 하다' 라는 의미에서 볼 수 있듯이 미디 메시지를 송신하는 마스터측과 수신하는 슬레이브측의 중간에서 미디 메시지의 흐름을 원활하게 연결해 주는 역할을 담당한다.

뿐만 아니라 기종에 따라서 자체적으로 기기들 간의 통일된 움직임, 즉 동기화를 위한 SMPTE 신호를 쓰고, 읽을 수 있는 기능이 부가되어 있기도 하다.

인터페이스는 미디를 운용하는 데 있어서 기술적으로 어렵다거나 하지 않기 때문에 별도의 기초적인 상식이 없어도 충분하다. 하지만 인터페이스가 없이는 컴퓨터(미디용 소프트웨어)에서 아무리 훌륭한 데이터를 송신하더라도 수신측에서는 아무런 반응을 보일 수가 없게 된다.

내장형

내장형의 인터페이스는 그 자체가 따로 독립된 형태로 존재하는 것이 아니라 아타리나 그 밖의 시퀀서, 시퀀서가 내장된 신시사이저 등과 같이 특정의 미디 관련 기기에 내장되어 존재하는 형태의 것을 말한다.

인터페이스가 내장되어 있는 것은 그냥 미디 포트만 부착되어 있어서 육안으로 구별하기에 별다른 특징은 없다.

다만 별도의 인터페이스가 필요 없기 때문에 사용자의 입장에서는 경제적으로 절약이 되기는 하지만 16채널밖에 운용할 수 없다는 단점이 있다.

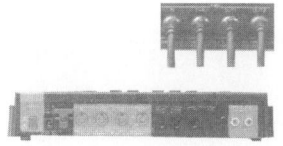

Roland_MC-50

〈보기 2-16〉 내장형 미디 인터페이스

일반형

일반형(Standard)은 일반적으로 많은 사람들이 사용하도록 만든 보급형을 말하는데 미디 인과 아웃 포트가 각각 1개씩 있다.

그러나 요즘에는 보통 아웃이 3개 있는 경우도 있는데 어찌 되었든 송·수신 모두 16채널만 지원하기 때문에 스탠다드 형을 가지고 많은 수의 악기를 제어하기에는 난점이 있다. 그래서 이러한 점을 개선하고 사용자의 욕구에 부응하여 32채널까지도 운용이 가능한 제품이 출하되어 있기도 하다.

midiman_macman

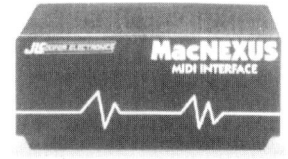
JLCooper Electronics_MacNEXUS

〈보기 2-17-1〉 일반 보급형 미디 인터페이스

또한 노트북 사용자들을 위한 노트북 전용 인터페이스도 선보이고 있다.

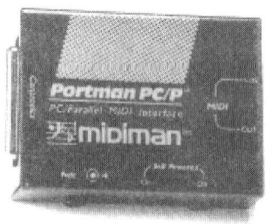
midiman_portman PC/P

〈보기 2-17-2〉 노트북 전용 미디 인터페이스

멀티형

멀티형의 인터페이스는 미디 인과 아웃을 각각 독립된 형태로 제어할 수 있는 것을 말한다. 그러므로 멀티형을 사용하게 되면 각 인과 아웃 포트마다 16채널씩 증가하기 때문에 독립적인 포트마다 16채널씩 추가하여 막강한 채널 수를 가질 수 있게 된다. 따라서 채널을 마음대로 운용할 수 있기 때문에 음색 수의 제한 없이 음악을 만들 수 있게 된다.

이러한 멀티형의 인터페이스들은 프로용임을 표방하는 많은 시퀀서 소프트웨어들이 자체적으로 지원할 수 있도록 하는 기능을 제공하는데 이를 위해서는 별도의 소프트웨어가 필요하다.

또한 많은 수의 채널을 이용할 수 있으므로 음색을 관리할 수 있도록 각 악기별 음색 리스트를 제공하고 있다.

이 멀티형 인터페이스의 장점 중 하나는 다른 기기들과의 동기에 유리하게 사용할 수 있다는 것이다. 특히 SMPTE(Society of Motion Picture and Television Engineers) 신호를 쓰고 읽는 것이 가능하여 프레임 단위로 동기를 시킬 수 있으므로 녹음기와의 동기나 영상기기와의 동기 등 여러 모로 유리한 점이 많다.

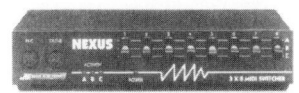

JLCooper_NEXUS Mark   Mark Of The Unicorn_MIDI Timepiece II

〈보기 2-18〉 멀티형 미디 인터페이스

Audio System

앞에서 알아본 미디 관련 기기들은 미디 메시지와 직접적인 영향이 있는 것들이지만, 지금부터 소개되는 오디오 시스템은 미디 관련 악기들에서 출력된 소리(Signal)에만 영향을 미치는 기기들이다.

오디오 시스템은 음악의 최종 완성인 소리에 직접적으로 관련이 있기 때문에 이의 선택이나 조작 방법에 따라 상당히 큰 영향을 미친다.

소리를 만든다는 것은 미디 메시지들의 조작과는 아주 다른 세계이다.

원칙적으로는 오디오 시스템을 다루는 궁극적인 목적이 모니터링에 이은 녹음에 있기 때문에 음향학을 비롯한 각 기기에 대한 충분한 조작방법을 습득해야 한다.

그러나 안타깝게도 아직까지 우리 나라에는 이것에 대하여 교육할 수 있는 곳이 없다. 다만 교육을 표방하는 곳이 있긴 하지만 아직은 요원한 실정이며 따라서 우리 나라에서의 엔지니어는 정규 교육과정을 거치기 보다는 많은 수가 도제 형식의 비정규적인 방법으로 양성되고 있다.

음악이란 소리로 만들어 내는 것이 최종 목표이다.

그 소리를 깎고 다듬고 포장하는 역할을 하는 것이 녹음이며, 녹음을 통해서 음악은 비로소 세상에 태어나는 것이다.

물론 미디를 라이브에서 직접 운용하는 경우도 있지만 그것도 오디오 기기들을 거치지 않고는 불가능할 뿐 아니라 어찌되었든 궁극적인 목표는 고정적인 매체에 담아내야 하는 것이다.

오디오 시스템은 연주용과 공연용 등 목적에 따라 기기들의 설치와 종류가 달라지므로 이에 대한 기술적인 설명은 접어두고, 다만 미디 작업에 필요한 모니터링과 녹음에 관련된 기기들만 개괄적으로 설명하기로 한다.

Consol

콘솔은 믹서(Mixer)나 믹싱 콘솔 등의 이름으로 불리우기도 하나 모두 같은 것으로 이해하면 된다.

콘솔은 미디 악기에서 들어온 오디오 신호를 앰프로 보내기 전에 통합 관리하는 기기로, 각 신호가 들어오는 채널에 사운드 레벨이나 톤 컨트롤, 사운드 이펙트를 부가시키고 이들 신호를 하나로 혼합하는 구실을 한다

콘솔은 기종에 따라 기능과 성능면에서 현격한 차이를 보이는데, 첫째는 뭐니뭐니해도 잡음이 생기지 않는 기종이어야 한다.

그러나 완전한 무음의 상태인 콘솔은 없으며 주변환경에 따라 쉬~ 하는 전기적인 잡음이 있는데, 이런 소리는 입력되어도 보통 사람들의 귀로는 들리지 않으므로 거의 무시한다.

또한 화이트 노이즈(White Noise)와 핑크 노이즈(Pink Noise)와 같이 음향 장비를 측정하는 데 쓰이는 좋은 노이즈들도 있다.

콘솔은 채널이라고 하는 들어오는 오디오 신호의 창구가 있는데, 이 입력 채널에는 각각 게인(Gain)이라고 하는 입력에 대한 출력의 비율을 비롯하여 톤 컨트롤, 이펙트 볼륨, 팬폿, 볼륨 등이 기본적으로 갖추어져 있다. 기종(가격)에 따라 각 제조 회사 고유의 특성을 지니고 있으므로 자신의 용도와 구미에 맞는 것을 구

비해야 한다.

콘솔은 크게 나누어 라이브용과 스튜디오용으로 구분할 수 있다. 미니 콘솔, 라인 콘솔 등 가장 기본적인 기능만을 갖추고 있는 것들도 있으므로, 단순히 작업에서 모니터로만 사용할 경우에는 전문 스튜디오용을 갖출 필요는 없다.

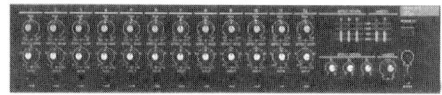

Korg_KMX-122

Tactile Technology_T2　　　　　　Mackie_32×8

ALESIS_1622 MIXER　　　　　　Euphonix_CS2000D

〈보기 2-19〉 콘솔

Amplifier

앰플리파이어를 줄여서 흔히들 앰프라고 하는데, 앰프는 콘솔에서 오는 신호를 증폭시켜서 스피커로 보내 우리의 귀로 들을 수 있게 하는 역할을 한다.

앰프는 크게 프리 앰프와 파워 앰프로 나눌 수 있다.

프리 앰프는 앰프의 고유 특성인 음량의 증폭보다는 특정 주파수대의 증폭을 통하여 음색을 관리하는, 마치 믹서와 같은 역할을 한다고 보면 된다. 이러한 프리 앰프는 목소리나 기타, 베이스 등의 특정 악기만을 위한 것 등 여러 가지가 있다.

파워 앰프는 프리 앰프에서 어느 정도 기본적인 음색을 조정하고 증폭된 것을 스피커가 구동할 수 있을 정도로 증폭시키는 역할을 한다. 물론 바로 파워 앰프를 통해서 스피커로 보내져도 상관없다.

이러한 파워 앰프는 되도록이면 여러 가지 조절 단자가 많이 부착된 기종보다는 전원 스위치와 볼륨만 달린 것이 사용에 있어서 효과적이다. 왜냐하면 어차피 콘솔을 통하여 음색을 만들어 주기 때문에 앰프에서 또 한 번 만지게 되면 소리의 본질을 흐트러뜨리는 결과를 초래하기 때문이다. 그래서 혹자들은 우스개 소리로 앰프의 주파수 특성이 좋지 않기 때문에 이를 보완하기 위하여 여러 가지 톤 컨트롤 단자들을 달아 놓는 것이 아니냐고 하기도 한다.

그 밖에 이 둘의 중간형(Intergraed)이라고 할 수 있는 앰프가 있는데, 이것은 프리 앰프와 파워 앰프를 합쳐 놓은 것으로 비교적 저렴한 가격으로 활용할 수 있다는 장점이 있다. 바로 일반적인 오디오용 앰프가 이 형태라고 보면 무방하다.

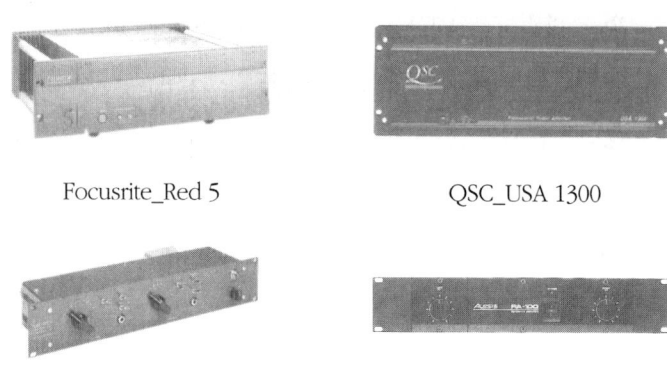

<보기 2-20> 앰프들

Speaker

스피커는 앰프에서 받은 전기 신호를 공기의 진동으로 바꾸어 소리로 귀에 전달시키는 구실을 한다.

그 구조를 살펴보면, 스피커는 앰프에서 발생된 증폭 신호를 보이스 코일에서 전기적인 N/S 극에 의한 운동으로 에너지를 발생시켜 진동판이 움직이게 하는데, 그 진동폭이 공기에 전달되어 인간의 귀에 들리게 되는 비교적 간단한 구조를 가지고 있다.

원칙적으로는 이들 세 가지를 묶어서(Unit) 스피커라 하는데, 진동판의 재질이나 보이스 코일을 감은 수, 자석의 크기나 자장의 강도 등에 따라 음색이 많이 달라진다.

스피커는 생긴 모양에 따라 콘형, 혼형, 돔형으로 나뉘는데, 둥그런 모양의 콘형이 일반적이다. 특히 이들 스피커는 재생되는 음질을 좌우하는 중요한 부분으로 스피커의 선택에 따라 재생음은 크게 좌우된다.

그러나 일반적으로 스피커 시스템이라 하면 스피커 그 자체만을 가리키는 것이 아니라 스피커를 감싸고 있는 통인 인클로우저(Incloussor)까지를 말하는데 이 통의 역할 또한 상당히 중요하다.

아울러 스피커를 사용하기 위해서 스피커를 받치고 있는 받침대인 인슐레이터(Insulator)가 중요한데, 이것을 사용하지 않고 탁자 등에 그냥 올려놓으면 탁자에서 저역의 주파수가 따라 울리게 되는 부밍(Booming)현상이 일어난다.

모니터를 위한 스피커는 나쁜 것도 안 되지만 반대로 너무 좋은 것을 사용하는 것도 좋지 않다.

좀 역설적인 이야기인 것 같지만 모니터는 말 그대로 좋으면 좋은 대로 나쁘면 나쁜 대로, 즉 소리의 본질을 있는 그대로 들려 주어야 하기 때문에, 특정의 주파수대를 잘 들리도록 만드는 전문 오디오용의 것들은 감상에는 적합할지 모르나 소리의 본질을 찾는 작업에 있어서는 방해만 될 뿐이다.

일반적으로 녹음실에서는 야마하의 NS-10M을 많이 사용하는데 이 제품이 좋아서 사용한다기 보다는 보편적인 소리의 기준을 잡기 위해서 사용한다고 할 수 있다.

Community_CVS Series Loud Speaker

Peavey_PRMTM 3308si/SV   MB QUART_QL 10 C

〈보기 2-21〉 스피커

Recorder

녹음기는 소리의 저장과 재생을 담당하는 음악의 모든 작업을 거쳐 최종적으로 완성시켜 소리를 담아 내는 그릇이다. 따라서 음악인들에게는 필요불가결한 아주 중요한 도구이다.

녹음기는 형태적으로 오픈 릴(Open Reel) 타입을 비롯하여 얼마 전부터 각광받고 있는 소형 또는 비디오 테이프 크기의 DAT(Digital Audio Tape Recorder), 카세트 데크(Cassette Deck)를 비롯하여 새로운 저장 매체인 디스크에 녹음할 수 있는 것 등이 있다.

기능적인 면으로 본다면 크게 다중 녹음을 할 수 있는 MTR(Multi Track Recorder)과 믹스 다운 후의 마스터로 사용하는 2TR(Track)으로 나눌 수 있다.

또한 방식면으로는 크게 일반 가정에서 사용하는 것과 같이 자성체를 입힌 테이프에 소리의 주파수를 전기적인 변환을 거쳐 녹음하는 방식인 아날로그 방식과, 특수처리된 자성체나 디스크에 아날로그를 2진법으로 부호화하여 처리하는 디지털 방식으로 나눌 수 있다.

디지털 방식의 대표적인 것은 아날로그로 들어오는 오디오 신호를 디지털로 바꾸는 내장된 ADC(Analog/Digital Converter)에 의해 녹음되는 DAT이다. 이것은 릴 테이프 형태의 아날로그 방식보다 가격도 저렴하고 성능도 우수하여 지금은 보편적으로 사용되고 있다.

또한 기술의 발달은 녹음사에 있어서 과히 혁명적이라 할 수 있는 하드 디스크 레코딩이라는 수준까지 선보이고 있는데 여러분의 PC에서 사운드 카드 등을 이용하여 녹음하는 것도 일종의 하드 디스크 레코딩이다. 그러나 음반 작업이나 그 밖의 영상과의 매치 등 보다 상업적인 것을 목적으로 한다면 전용의 것을 사용하는 것이 좋다.

요즘에는 저렴한 가격의 MTR도 많이 보급되어 가정에서도 일반 녹음 테이프로 다중 녹음을 할 수 있게 되었다.

특히 지금은 MTR뿐 아니라 DAT, 심지어 MTR겸용 DAT까지도 많이 보급되어 혼자만의 작업으로도 양질의 녹음을 할 수가 있다.

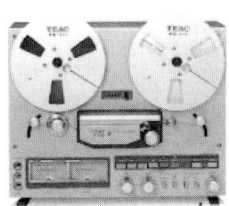
Teac_X-300(2tr)

Teac_X-2000R(4tr)

ALESIS_ADAT

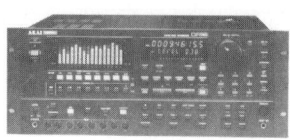
AKAI_DR16

Panasonic_SV-4100

Teac_V- 8030S

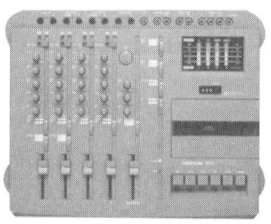
Fostex_XR-5

〈보기 2-22〉 녹음기

Sound Effector

시그널 프로세서(Signal Processors)로도 불리우는 사운드 이펙터는 소리의 입/출력의 중간에 위치하여 보정을 목적으로 한다.

사운드 이펙터는 크게 이퀄라이저 계열, 딜레이 계열, 컴프레서 계열, 리버브 계열로 나뉘며 각각의 특성을 이용하여 소리를 치장하는데 각 계열들마다 파생되는 기기들이 대단히 많아서 이들을 구입할 때에는 보다 신중함이 필요하다.

그러나 이들을 모두 소화하기에는 부족하지만 각 계열별로 한데 묶어 놓은 멀티 이펙터도 있으므로 실제적인 레코딩 작업을 필요로 하지 않고 다만 모니터링이나 데모 테이프만을 위한다면 이를 구입하는 것이 좋다.

또한 이러한 사운드 이펙터들은 하드 디스크 레코딩을 위하여 하드웨어적인 형태를 벗어나 소프트웨어적으로 처리할 수 있도록 하는 제품들도 선보이고 있다.

사운드 이펙터를 사용하는 가장 큰 목적은 소리에 옷을 입히는 것이다. 그러므로 기기들도 다양하고 사용법 또한 경험에 의한 접근보다는 전문적인 배움이 선행되어야 할 것이다. 그러나 이들을 전문적으로 다루기 위해서는 상당한 노력이 필요하기 때문에 목적의 정도에 따라서는 전문 스튜디오를 이용하는 편이 좋을 것이다.

Equalizer

이퀄라이저는 각 소리의 주파수대를 직접적으로 조절하는 기능을 한다.

이퀄라이저는 일반적인 오디오 기기들에 달린 것과 같이 조절할 수 있는 주파수 대역이 한정되어 있는 것에서부터 거의 모든 주파수 대역이 세분화되어 있는 전문적인 것에 이르기까지 여러 가지 종류가 있어서 사용자들은 원하는 주파수 대역을 자유롭게 조절하여 소리의 색깔을 변화시킬 수 있다.

여기서의 주파수라는 것은 잡음에서부터 사람의 목소리까지 각각의 소리들이 가지고 있는 고유의 색깔이라고 할 수 있는데 이들의 조화가 소리의 본질을 나타내는 데 있어서 아주 중요한 역할을 한다.

이퀄라이저를 사용하면 여러 가지 이득을 얻을 수 있는데 그 중 대표적인 것이 마스킹 효과(Masking Effect)이다. 이것은 여러 가지 소리(주파수)가 섞였을 때 발생하는 작은 소리가 큰 소리에 의해 가려지는 현상을 해결하기 위해 해당 주파수 대역을 조절하여 명료도를 높여 준다든지 불필요한 잡음 등을 마치 칼로 도려내 듯이 깎아낼 수 있다.

그러나 이퀄라이저를 사용하기 위해서는 각 주파수대를 감지할 수 있는 능력이 있어야 하는데, 일선의 엔지니어들의 말을 빌리자면 어떤 소리를 들었을 때 그 소리의 주파수 분포도가 머리 속에 그려질 정도가 되어야 한다고 한다.

그렇지만 일반인이 이러한 능력을 갖추려면 많은 시행착오와 연습이 필요한데, 그 연습의 일환으로 자신이 사용하는 오디오 기기들에 달린 이퀄라이저를 이용하는 것도 하나의 방법이 될 수 있다. 즉 어떤 음악을 들을 때에 그 음악의 흐름에 따라 표시되는 이퀄라이저를 통하여 가수의 노래 부분에서는 어느 주파수대가 고조되는지, 베이스 드럼일 때에는 어느 주파수대가 고조되는지 등을 자세히 관찰하는 습관을 기르도록 하면 많은 도움이 될 것이다.

또한 관찰만으로 끝내지 말고 자신의 생각으로 이렇게 저렇게 바꾸어 보면서 그 차이를 몸으로 느낄 수 있으면 더 좋을 것이다.

여담으로 외국에서 엔지니어 공부를 한 어느분의 경험담을 소개하자면 정규교육을 받고 유명하다는 스튜디오에 드디어 입성했으나, 맨 처음 1년 동안 했던 일 중 가장 큰 일은 일반 가정용 오디오 기기와 별 차이가 없는 5밴드 이퀄라이저로 시작하여 베이스 드럼 소리를 보정하는 일이었다고 한다.

ALESIS_M-EQ 230

   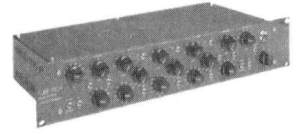

GML_GML 8200   TUBE-TEAC_EQ-1A

〈보기 2-23〉 이퀄라이저들

Compressor

컴프레서는 시퀀서 소프트웨어의 벨로서티를 제한하는 기능과 같이 입력된 소리를 압축하여 출력 주파수의 변화 범위를 제한하는 역할을 한다.

일반적으로 컴프레서는 목소리나 기타, 스네어 드럼 등 비교적 다이내믹 레인지, 즉 음량 변화의 폭이 큰 소리에 걸어 주어 피크의 걸림 없이 일정한 출력을 얻는 목적으로 사용한다.

컴프레서가 변형된 형태의 이펙터는 상당히 많으나 대표적인 것들만 몇가지 간추려 보면, 입/출력의 비율이 10:1 이상이 되는 리미터(Limiter)를 비롯하여 디-에서(De-esser), 익스펜더(Expander), 노이즈 게이트(Noise Gate) 등이 있다. 이 중에서 디-에서는 입력 신호 전체적인 게인을 줄이는 컴프레서와는 달리 특정의 주파수 대역만을 압축하는 역할을 한다.

디-에서는 목소리에서 나타나는 시빌런스(Sibilance)라고 하는 시옷(ㅅ)이나 쌍시옷(ㅆ)을 발음할 때 잡히는 큰 고음 주파수(5kHz~10kHz)를 걸러내기 위해 사용하면 상당히 효과적이다.

익스펜더는 컴프레서와는 반대로 출력의 비율을 확장하는 역할을 한다. 익스펜더를 사용할 때는 확장될 다이내믹 레인지를 올바로 설정하지 않으면 노이즈들까지 확장될 경우가 있으므로 주의한다.

노이즈 게이트는 원음 이외에 불필요한 주파수들을 걸러내는 역할을 한다.

원음 이외에 불필요한 소리들은 의외로 많은데 특히 곡의 휴지부나 솔로 부분 등에서 나타나는 불필요한 잡음들이 대표적인 경우이다.

그래서 이러한 것들을 제거시키고자 할 경우, 노이즈 게이트를 이용하여 제거될 주파수 대역을 설정하면 된다. 그러나 설정을 잘못하면 원음의 일부도 걸러질 수 있으므로 주의해야 한다.

PreSonus_ACP-8

ALESIS_3630 Compressor

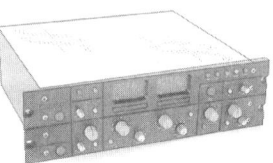
Focusrite_Blue 330

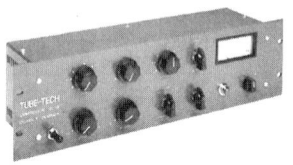
TUBE-TEAC_CL-1B

〈보기 2-24〉 컴프레서 계열

Delay

딜레이는 최초의 소리에 뒤이어 일정한 시간의 차이를 두고 그 소리가 나타나는 현상을 말한다. 따라서 원음과 지연음의 시간, 간격, 비율 등을 인위적으로 변형시키면 매우 다양한 효과를 만들 수 있다.

실제로 사운드 엔지니어들도 딜레이 계열의 사운드 이펙트를 이용하여 다양한 효과를 만들어 내고 있는데, 이러한 딜레이 계열의 이펙트도 변형된 형태의 것이 상당히 많다.

더블링(Doubling)은 입력된 신호를 아주 짧은 시간의 차이를 두고 하나 더 만들어 내어 소리를 두껍게 해 주는 역할을 한다. 더블링을 사용하여 생성된 원음과 지연음을 팬폿을 이용하여 서로 반대 방향으로 하면 아주 훌륭한 공간감을 만들어 낼 수 있다.

코러스(Chorus)는 딜레이 계열을 대표하는 대표적인 이펙터로서, 입력된 소리의 높이에 시간차를 약간 달리하여 생기는 출력 신호를 다시 입력으로 보내서 효과를 더욱 증폭시켜 생기는 두 개의 신호를 합쳐서 소리를 보다 화려하게 만드는 역할을 한다.

또한 기타 등에 많이 사용되는 플렌저(Flanger)는 원음과 지연음의 차이를 아주 짧게 하여 생성된 두 소리를 다시 합하여 마치 관 속을 통과하는 듯한 울림을 만들어 낸다.

더불어 딜레이된 지연음을 아주 독특하게 이용하는 하모나이저(Harmonizer)는 피치 쉬프터(Pitch Shifter)라는 말로도 불리우는 것으로 원음의 길이나 시간에는 영향을 미치지 않고 오직 높낮이에만 영향을 주는 기기이다. 이를 사용하면 음정이 불확실한 가수나 악기의 음정을 바로잡는 것은 물론이고 기종에 따라서는 화음까지도 만들어 낼 수 있다.

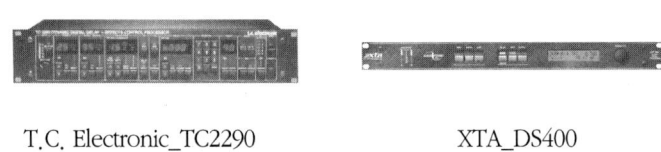

T.C. Electronic_TC2290   XTA_DS400

〈보기 2-25〉 딜레이 계열

Reverb

리버브는 마이크로폰이나 그 밖의 악기들의 소리를 전용의 앰프와 스피커를 거치지 않고 라인 입력으로 직접 받을 경우 잔향이 없는 뻑뻑한 상태를 개선하기 위하여 사용한다.

잔향이란 최초의 소리가 주위 환경에 의해 반사되면서 생기는 공간의 시간적 차이에 의한 일종의 미세한 메아리라고 할 수 있다. 일반적인 모니터나 녹음 시스템상에서는 방음 장치 등으로 인해 잔향이 생기지 않아 공간감이 결여되기 때문에 리버브를 이용하여 인위적으로 잔향을 만들어 주면 소리를 보다 풍부하게 한다.

이렇듯 리버브도 지연음을 이용하기 때문에 딜레이 계열에 포함시킬 수도 있으나 사용의 빈도수나 효과적인 면에서 차이가 있어서 따로 구분한다.

리버브는 공간의 크기에 따른 시간적 차이에서 오는 잔향의 정도에 따라 Room, Hall, Chamber, Concert Hall, Plate 등으로 구분하여 놓았다. 그러므로 음향에 관한 전문적인 지식이 없는 사람들도 필요한 것을 골라서 사용할 수 있는 기종에서부터 원음을 램에 일시적으로 저장하여 잔향음들을 만들어 내는 일종의 샘플링 방식을 이용한 것에 이르기까지 종류가 다양하다.

종류별로는 기타에 사용되는 조그마한 것에서부터 컴퓨터에 내장하여 사용할 수 있는 것에 이르기까지 여러 가지가 있다.

   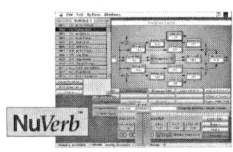

RSP_Intelliverb   Lexicon_NuVerb

〈보기 2-26〉 리버브

Multiple Effector

멀티플 이펙터는 위에서 소개된 이펙터들을 복합적으로 모아 놓은 것이다. 따라서 이들을 서로 조합하면 보다 다양한 효과를 얻을 수 있게 된다.

그러나 여러 가지 기능을 갖추어야 하기 때문에 독립적인 형태의 것들보다는 아무래도 처리감이 명확하지 않은 부분들도 있다. 하지만 가격대 성능비가 좋기 때문에 홈 스튜디오의 구축에 있어서는 단연 돋보이는 존재이므로 하나쯤은 장만하는 것이 좋다.

멀티플 이펙터는 기타나 베이스 기타 등 특정 주파수대의 악기 전용의 것들에서부터 전체적으로 커버할 수 있는 것에 이르기까지 여러 가지가 있다.

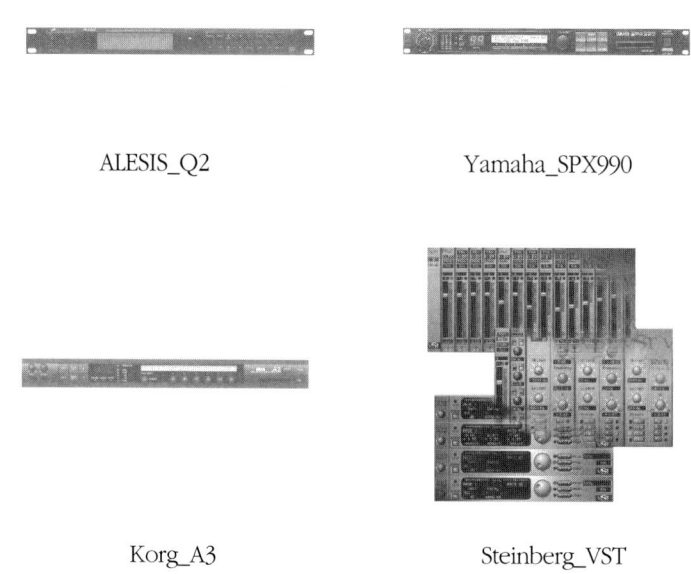

ALESIS_Q2　　　　　Yamaha_SPX990

Korg_A3　　　　　Steinberg_VST

〈보기 2-27〉 멀티플 이펙터

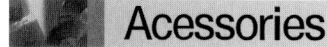 Acessories

　오디오 시스템을 이루는 데 있어서 빠뜨릴 수 없는 것이 본 시스템에 부가되는 여러 가지 주변기기들이다.
　주변기기들은 악보를 올려 놓을 수 있는 보면대나 마이크, 기타, 드럼 등의 악기를 세울 수 있는 스탠드에서부터 기타나 베이스 기타의 녹음에 사용되는 다이렉트 박스, 소리의 위상을 표시하는 것에 이르기까지 그 종류와 쓰임새의 차이에 따라 천차만별이다.
　여기서는 가장 대표적으로 사용되는 기기들 몇 가지만을 간추려 소개한다.

Headphone

헤드폰은 전문적인 녹음/모니터 시스템을 갖추었다면 그리 중요한 것은 아니나, 일반적인 홈 스튜디오의 특성상 방음처리부터가 미진하기 때문에 되도록이면 좋은 제품을 사용하는 것이 바람직하다. 따라서 약간의 무리를 해서라도 전문가용을 구비하여 사용하는 것이 좋다.

헤드폰을 구입할 때에는 소리를 보다 좋게 만들기 위하여 저음이나 고음의 특정 주파수 대역을 살려 주는 감상용보다는 주파수 대역이 비교적 고른 제품을 선택하는 것이 좋다.

또한 장시간 착용하는 경우가 많기 때문에 자신의 귀를 덮을 수 있을 정도로 폭이 큰 것이 귀를 보호하기 때문에 좋다.

하지만 명심할 것은 헤드폰을 통하여 듣게 되는 소리는 스피커와 같이 앞에서 나는 소리가 아니라 양쪽 옆에서 나는 소리임을 알아야 한다.

또한 귀의 바로 옆에 위치하기 때문에 세심한 부분까지 들리게 되므로 콘솔의 조절에 있어서 녹음시에는 항상 염두에 두고 있어야 할 것이다.

Korg_KH-1000

Beyerdynamic_DT 4B   MB QUART_QP 400

〈보기 2-28〉 헤드폰

Microphone

일반적으로 마이크(Mic)라 부르는 마이크로폰은 소리를 얻는 역할을 한다.

마이크로폰은 스피커와 작동 원리가 비슷하지만 반대의 역할을 한다. 즉 공기의 진동에 의해서 얻어지는 음파를 전기적인 신호로 변환하는 역할을 하는데 이것을 발진방식이라 하며, 이 발진방식에 따라 종류를 구분한다.

이것도 역할에 따라 종류가 많고 가격 차이도 많이 나는데 구입시 제일 고려해야 할 것은 지향성에 관한 것이다. 지향성이란 마이크로폰의 가장 중요한 특성으로 집음할 수 있는 영역을 말한다.

예를 들어 어떤 사람을 앞에 두고 대화를 나눌 때 우리 귀에 들리는 목소리는 바로 입에서 나오는 것뿐 아니라 귀를 중심으로 그 소리가 반사되어 돌아오는 상, 하, 좌, 우 모든 소리가 합쳐진 것이다. 따라서 어느 위치의 소리를 잡아내느냐 하는 것은 아주 중요한 문제가 아닐 수 없다.

지향성은 앞쪽의 소리만 잡아내는 단일 지향성(Cardioid), 앞쪽과 뒤쪽만 잡아내는 쌍지향성(Bidirection), 사방의 것을 모두 잡아내는 무지향성(Omnidirection)으로 크게 구분되며 이를 바탕으로 제조사별로 특유의 변형, 발전된 지향성을 위한 제품을 선보인다.

이러한 지향성의 문제 때문에 마이크로폰을 사용할 때는 어느 위치에 놓아 수음할 것인가, 어떤 마이크를 사용할 것인가 하는 마이킹(Miking)이 중요하다.
그러나 발음체의 성격에 따라 마이킹(Miking)은 그 방법이 다양하고 환경에 따라 많이 달라지므로 꼭 이렇게 해야 한다는 규칙은 없으며, 기본적인 것을 바탕으로 축적된 경험에 의하여 사용하게 된다.

Equitek_E-300   Audix_OX-7

Korg_KH-V90   beyerdnamic_MCE 50

〈보기 2-29〉 마이크의 종류

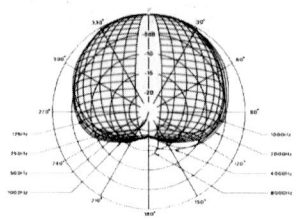

Cardioid

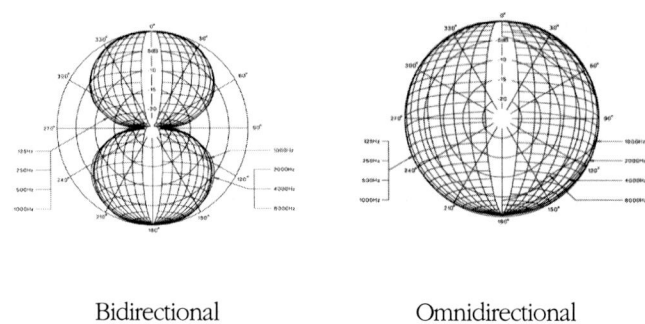

Bidirectional   Omnidirectional

〈보기 2-30〉 마이크의 지향성

Cable

케이블은 비단 오디오 기기들 뿐만 아니라 어느 종류의 기기들이건 상호 특정 정보의 교류를 목적으로 연결하기 위한 선을 말하는데, 마이크로폰을 사용할 때는 오디오 기기들에 사용하기 위해서는 소리 신호를 외부의 영향을 받지 않고 얼마만큼이나 정확하게 전송할 수 있느냐가 중요하다.

케이블은 실질적인 소리의 정보가 흐르는 선(Wire)과 정전기와 잡음으로부터 보호해 주는 쉴드(Shield), 선과 쉴드를 감싸고 보호해 주는 피복, 기기간의 연결에 직접적으로 사용되는 부분인 커넥터(Connector)로 이루어져 있다.

보통 케이블의 종류는 바로 커넥터의 모양에 따라 구분하게 된다.
커넥터는 대표적인 것으로 55 잭이라는 이름으로 흔히 불리우는 폰 타입, 또는 껍질 까진 바나나 같다고 하여 바나나 잭이라고도 불리우는 핀 타입, 캐논사에서 개발한 캐논 플러그 등이 있다. 이외에도 비디오를 위한 것, 디지털 소스를 위한 것 등 케이블의 종류는 앞에서 소개된 여러 가지 장비들만큼이나 다양하다.

그러나 무엇보다도 중요한 것은 선의 질이다. 어차피 모든 신호들은 이 선을 따라 흐르기 때문에 불필요하게 길게 한다든지, 또는 돈을 아끼려고 값싼 제품을 사용하게 되면 그 전에 공들였던 모든 작업들이 퇴색되는 결과를 가져올 수도 있다.

이 선들은 오디오 신호의 통로이기도 하지만 때에 따라서는 오디오 신호 이외에 외부의 자장파들도 흡수해서 징징거리는 잡음을 만드는 요인이 되기도 한다. 그렇기 때문에 외부로부터의 잡음을 막아낼 수 있도록 반드시 쉴드되어 있어야 하며 전원선이나 전기 기구 등과 겹치게 놓아서는 안 된다.
이 오디오용 선들을 대부분의 경우 소홀히 관리하는데, 사소하게 여기던 것이 생각지도 못한 커다란 재앙(!)을 불러 올 수도 있음을 명심하자.

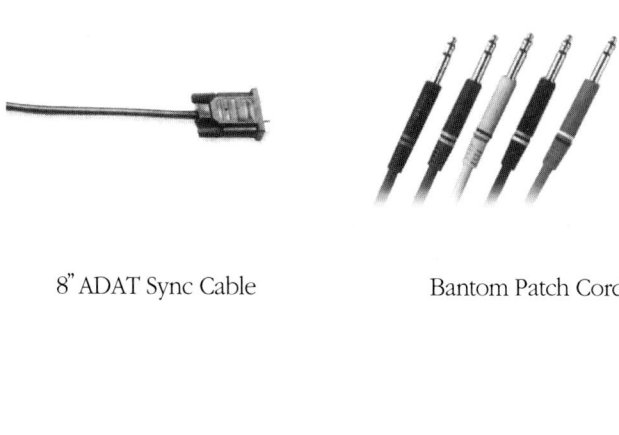

8" ADAT Sync CableBantom Patch Cords

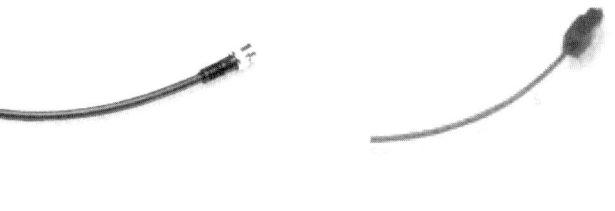

BNC Coax CableOptical Cable

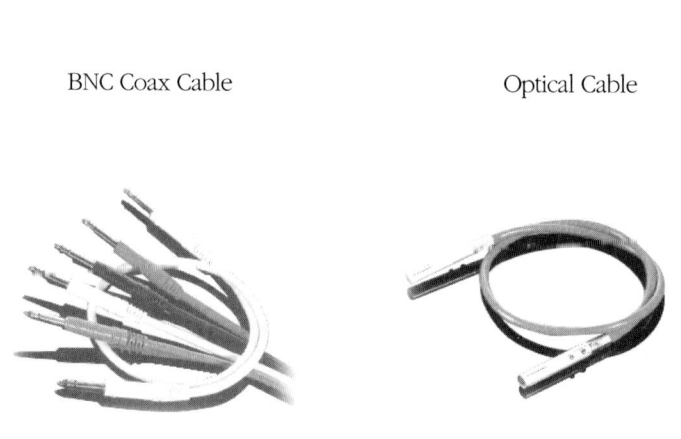

Miniature Audio Patch CordsVideo Patch Cord

〈보기 2-31〉 케이블

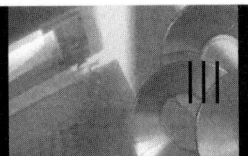

System Block Diagram

　다음의 도표는 지금까지 설명된 모든 것들을 시스템화 시킨 예이다. 이 시스템은 어느 형태의 스튜디오에서나 모두 적용되며 홈 스튜디오에서도 그 기본은 같다. 따라서 자신의 시스템을 구축하는 표본으로 참고하길 바란다.

　시스템을 구축하는 데 있어서는 시스템을 구성하는 각 기기들도 중요하지만 이들의 원동력인 전원도 아주 중요하다.

　모든 전기를 사용하는 제품들은 자신에 맞는 전압이 있는데 이 전압이 달라지면 예기치 못한 이상이 발생할 수도 있다.

　따라서 일정한 전원을 공급할 수 있도록 하는 자동전압조절기인 AVR(Auto Voltage Regulator)이나 정전의 경우에 대비하여 일정 시간 동안 전기를 공급할 수 있도록 하는 UPS(Uninterruptible Power System)를 구비하는 것이 좋다.

　그리고 홈 스튜디오를 구축할 때에는 되도록이면 냉장고나 세탁기 등과 같이 순간적으로 전원 이용이 급증하는 가전제품들과는 같은 전원부를 사용하지 않는 것이 좋다.

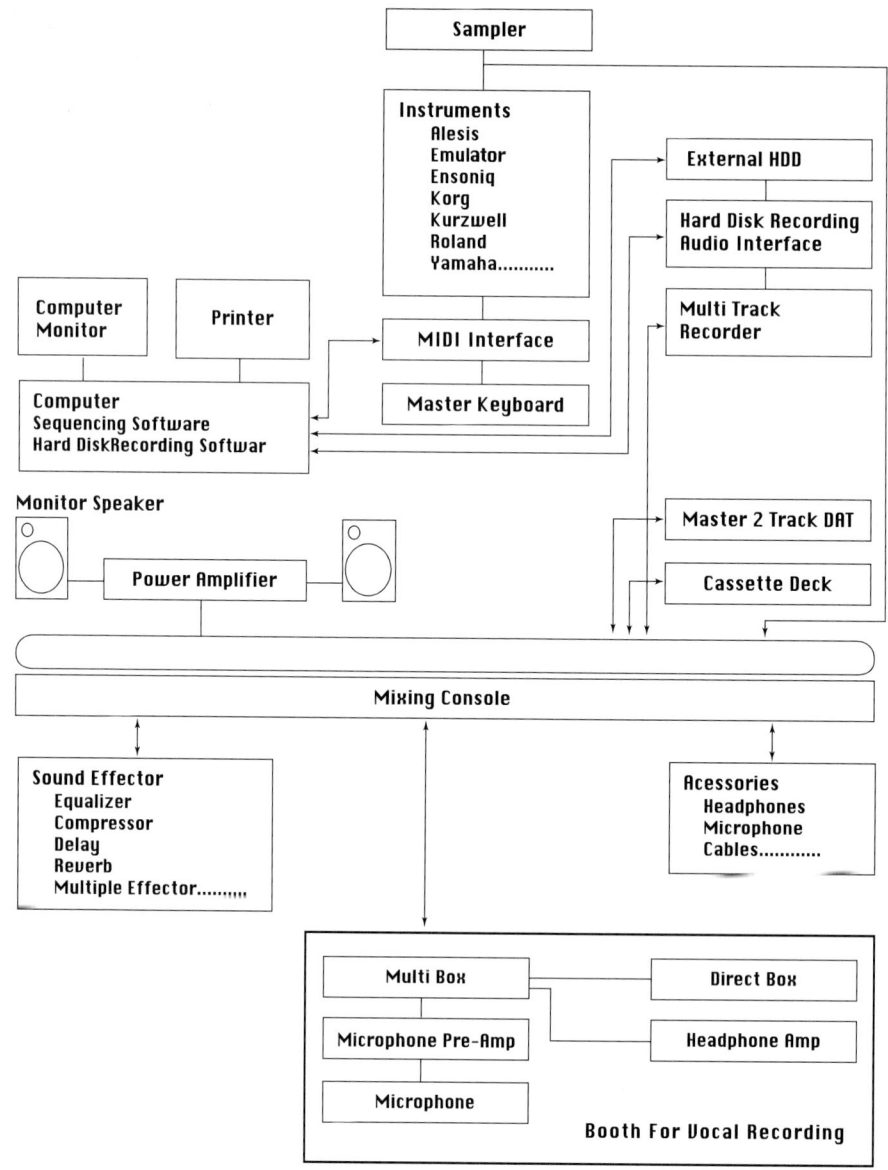

〈보기 2-32〉 시스템 블록 다이어그램

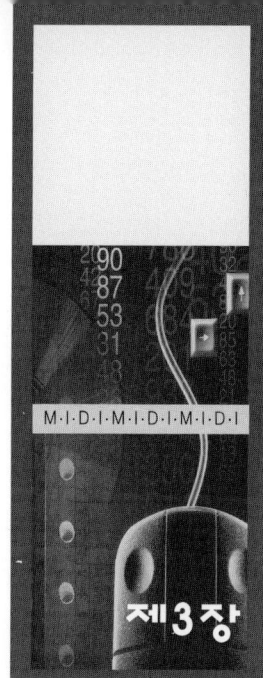

미디 메시지

I 미디 메시지의 표기
II 미디 메시지의 구조
III 미디 메시지의 전송
IV 미디 메시지의 구성
V MIDI Implementation Chart

미디 메시지는 미디 전반에 걸쳐 교통되는 정보의 총칭이다.

다시 말해서 어떠한 명령을 내렸을 때 그 명령에 해당되는 신호가 각각의 메시지 이동경로를 따라 전달되어 명령을 실행함으로써 소리라는 형태를 빌린 음악이라는 출력물로 완성되는 것이다.

실질적으로 미디가 탄생하게 된 것도 이러한 소리의 근간을 이루는 메시지들을 서로 다른 제조회사의 악기간에도 주고 받을 수 있도록 규격화할 필요가 있었기 때문이다.

그러나 이 미디 메시지들의 구조는 특정의 에디터(Editor)가 없이는 눈으로 볼 수도 없고 어떠한 방법으로도 과정을 확인할 수 없다. 또한 어떤 작업을 하는 데 있어서 반드시 이러한 미디 메시지 경로를 염두에 두고 할 필요는 더욱이 없다.

그러나 미디 메시지를 앎으로 해서 여러분들은 음악을 표현하는 기술을 보다 향상시킬 수 있을 것이다.

특히 미디의 절정이라 할 수 있는 익스클루시브를 다루기 위한 첫길목이 바로 전반적인 미디 메시지에 대한 이해이다.

또한 앞으로 여러분들이 미디를 익혀가는 동안 무심코 지나쳤던 문제들을 이해하는 데에도 미디 메시지에 대한 개념은 매우 유용하므로 여러분들의 작업에 도움이 될 것이다.

더불어 미디 관련 프로그래밍을 하는 데 있어서도 도움이 되리라 믿는다.

미디 메시지의 표기

그러면 먼저 미디 메시지는 어떻게 표기하는지에 대해 알아보는 것으로 출발해 보자.

미디는 잘 알다시피 Musical Instrument Digital Interface의 약자로서 디지털 통신규약이므로 디지털의 기본적인 이해를 바탕으로 하는 것이 좋을 것이다.

미디의 정보도 다른 디지털과 마찬가지로 기본적인 2진수를 사용한다. 물론 우리 눈에 보이는 소프트웨어상에 나타나는 것은 10진수를 사용하지만 내부적으로 또는 미디의 절정이라 할 수 있는 익스클루시브 메시지를 다루는 데는 2진수에 의한 16진수의 사용이 필수적이다.

먼저 기본적으로 사용되는 단위들에 대한 설명을 읽어 주기 바란다. 그리고 이들은 앞으로 계속적으로 나오게 되므로 반드시 숙지하길 바란다.

Binary, Bit, Byte

디지털에서의 가장 기본적인 측정 단위는 비트(Binary Digit)이다.

하나의 비트는 켜졌다(On=1)와 꺼졌다(Off=0) 중 하나의 값을 가진다.

따라서 수학적으로는 2진수(Binary)의 세계이다.

2진수란 0과 1, 즉 2개의 숫자로 이루어진 진수체계를 말한다.

따라서 미디 메시지도 디지털의 기본 언어 수단인 비트, 즉 2진수로 송·수신

한다.

그러나 미디에서는 보다 다양한 메시지를 다루기 위해 바이트(Byte=Bite)라는 개념을 도입하는데, 미디 메시지를 이루는 하나의 바이트는 8개의 비트로 구성된다.

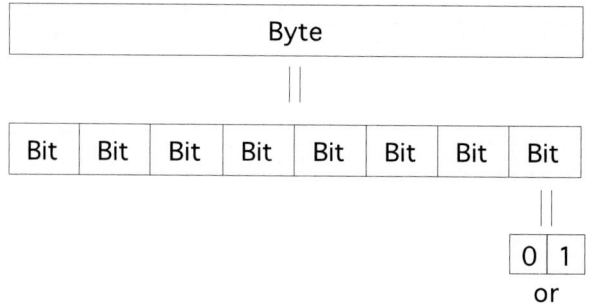

〈보기 3-1〉바이트의 구조

바이트 값의 계산

다음의 〈보기 3-2〉는 2진 표기에 의한 임의의 00111011이라는 값이 대입된 1바이트를 나타낸 것이다.

〈보기 3-2〉를 보면 제일 오른쪽의 비트 0에서 맨 왼쪽의 비트 7까지 숫자가 붙여진 각 비트가 있는데 이것은 모든 컴퓨터에서 사용되는 일반적인 비트 번호(Bit Numbering)를 표기한 것이다.

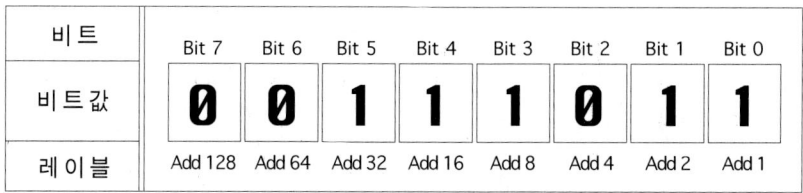

〈보기 3-2〉 2진수가 대입된 1바이트

그럼 이제 임의의 00111011이라는 바이트 값을 계산해 보도록 하자.

먼저 보기 밑에 쓰여진 레이블 Add1부터 Add128까지를 보자.

벌써 눈치가 빠른 독자들이라면 알았을 것이다.

이 레이블은 오른쪽 값의 두 배인 규칙을 갖는다.

이 레이블은 전체 바이트의 값을 계산할 때 사용한다.

계산법은 어렵지 않다.

· 비트 0단위부터 시작하여

· 비트 값이 1로 이루어진 레이블 값을 모두 더한다.

따라서 00111011 중, 1이 쓰여진 비트의 레이블 값을 모두 더하여 보자.

그럼 1+2+8+16+32=59가 나온다.

이것이 계산법의 전부다.

최대의 1바이트 값

그림 〈보기 3-3〉을 보자.

아래의 값은 하나의 바이트가 가질 수 있는 최대의 값을 나타내고 있다.

아래의 값은 1+2+4+8+16+32+64+128=255, 즉 모든 비트는 On되어 있기 때문에 바이트의 값이 표기할 수 있는 모든 비트의 값을 더한 값이다.

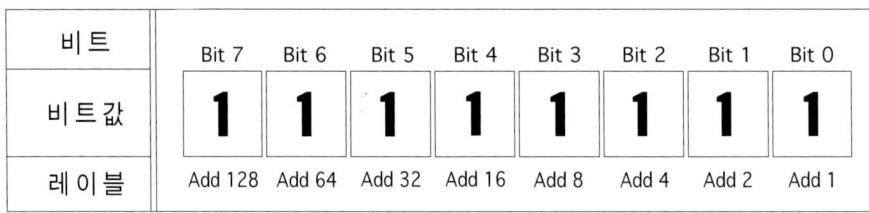

〈보기 3-3〉 최대의 1바이트 값

따라서 미디 메시지를 이루는 1바이트는 가장 작은 값인 0(00000000)에서 최대 255(11111111)까지 모두 256(2^8)가지의 값을 가질 수 있다.

그렇지만 하나의 바이트를 표기하기 위해 8개의 비트를 나열하지 않고 보다 간결하게 하기 위하여 4개의 비트씩 묶어서 하나의 16진수(Hexdemical)로 나타내는 표기 방식을 따른다.

Hexdemical

미디의 모든 표기는 비트나 바이트에 의한 방식이 번잡스럽기 때문에 16진수를 사용한다.

10진수(Decimal)는 0부터 9까지 10개의 숫자로 표기한다는 것은 누구나 잘 알고 있을 것이다.

더불어 2진수란 0과 1, 즉 2개의 숫자로 이루어진 진수 체계임도 앞에서 알아보았다.

따라서 16진수도 16개의 숫자를 조합하여 표기할 것이라는 것도 미루어 짐작할 수 있을 것이다.

10진수를 16진수로

16진수를 나타내기 위해서는 16개의 숫자가 필요하다.

그러나 우리가 사용하는 아라비아 숫자는 모두 10개밖에 없기 때문에 16진수를 표기하기 위해서는 별도의 기호가 필요하게 되는데 이를 위해서 영어 알파벳의 A, B, C, D, E, F를 차용해서 사용한다.

```
D  0 - 1 - 2 - 3 - 4 - 5 - 6 - 7 - 8 - 9 - 10 - 11 - 12 - 13 - 14 - 15 - 16 - 17 ······
H  0 - 1 - 2 - 3 - 4 - 5 - 6 - 7 - 8 - 9 - 0A - 0B - 0C - 0D - 0E - 0F - 10 - 11 ······
```

〈보기 3-4〉 16진수의 표기

1바이트를 16진수로

그러면 앞에서 배운 1바이트 00111011 〈보기3-2〉를 16진수로 표기해 보도록 하자.

먼저 8개의 비트를 4개씩 나누어 본다.

```
   00111011
0011    1011
```

이렇게 나누어진 각 비트값을 더한다.

계산해 보면 아래와 같은 값이 나올 것이다.

```
0011   = 0+0+1+2 = 3
1011   = 1+0+2+8 = 11
```

이 값을 16진수로 변환한 후 10진수와 구별하기 위하여 뒤에는 H를 붙인다.

0011   = 3H

1011   = BH

이렇게 해서 최종적으로 아래와 같은 값으로 표기할 수 있게 되는 것이다.

00111011 = 3BH

이러한 방식이 좀더 익숙해지면 앞에서 알아본 바이트의 계산 방법을 바로 적용시켜 계산하거나, 〈보기3-5〉 각 진수의 변환표를 참조하기 바란다. 그러나 계산 방법은 반드시 숙지하기 바라며, 더불어 위의 방법을 따른 것은 미디 메시지는 8개의 비트를 나열하지 않고 4개의 비트씩 묶어서 하나의 16진수로 표기한다는 원칙을 이해시키기 위함이다.

또한 4비트씩 나누는 것이 계산하기에 편리하기도 하다.

D	B	H	D	B	H	D	B	H	D	B	H
0	00000000	0	64	01000000	40	128	10000000	80	192	11000000	C0
1	00000001	1	65	01000001	41	129	10000001	81	193	11000001	C1
2	00000010	2	66	01000010	42	130	10000010	82	194	11000010	C2
3	00000011	3	67	01000011	43	131	10000011	83	195	11000011	C3
4	00000100	4	68	01000100	44	132	10000100	84	196	11000100	C4
5	00000101	5	69	01000101	45	133	10000101	85	197	11000101	C5
6	00000110	6	70	01000110	46	134	10000110	86	198	11000110	C6
7	00000111	7	71	01000111	47	135	10000111	87	199	11000111	C7
8	00001000	8	72	01001000	48	136	10001000	88	200	11001000	C8
9	00001001	9	73	01001001	49	137	10001001	89	201	11001001	C9
10	00001010	0A	74	01001010	4A	138	10001010	8A	202	11001010	CA
11	00001011	0B	75	01001011	4B	139	10001011	8B	203	11001011	CB
12	00001100	0C	76	01001100	4C	140	10001100	8C	204	11001100	CC
13	00001101	0D	77	01001101	4D	141	10001101	8D	205	11001101	CD
14	00001110	0E	78	01001110	4E	142	10001110	8E	206	11001110	CE
15	00001111	0F	79	01001111	4F	143	10001111	8F	207	11001111	CF
16	00010000	10	80	01010000	50	144	10010000	90	208	11010000	D0
17	00010001	11	81	01010001	51	145	10010001	91	209	11010001	D1
18	00010010	12	82	01010010	52	146	10010010	92	210	11010010	D2
19	00010011	13	83	01010011	53	147	10010011	93	211	11010011	D3
20	00010100	14	84	01010100	54	148	10010100	94	212	11010100	D4
21	00010101	15	85	01010101	55	149	10010101	95	213	11010101	D5
22	00010110	16	86	01010110	56	150	10010110	96	214	11010110	D6
23	00010111	17	87	01010111	57	151	10010111	97	215	11010111	D7
24	00011000	18	88	01011000	58	152	10011000	98	216	11011000	D8
25	00011001	19	89	01011001	59	153	10011001	99	217	11011001	D9
26	00011010	1A	90	01011010	5A	154	10011010	9A	218	11011010	DA
27	00011011	1B	91	01011011	5B	155	10011011	9B	219	11011011	DB
28	00011100	1C	92	01011100	5C	156	10011100	9C	220	11011100	DC
29	00011101	1D	93	01011101	5D	157	10011101	9D	221	11011101	DD
30	00011110	1E	94	01011110	5E	158	10011110	9E	222	11011110	DE
31	00011111	1F	95	01011111	5F	159	10011111	9F	223	11011111	DF
32	00100000	20	96	01100000	60	160	10100000	A0	224	11100000	E0
33	00100001	21	97	01100001	61	161	10100001	A1	225	11100001	E1
34	00100010	22	98	01100010	62	162	10100010	A2	226	11100010	E2
35	00100011	23	99	01100011	63	163	10100011	A3	227	11100011	E3
36	00100100	24	100	01100100	64	164	10100100	A4	228	11100100	E4
37	00100101	25	101	01100101	65	165	10100101	A5	229	11100101	E5
38	00100110	26	102	01100110	66	166	10100110	A6	230	11100110	E6
39	00100111	27	103	01100111	67	167	10100111	A7	231	11100111	E7
40	00101000	28	104	01101000	68	168	10101000	A8	232	11101000	E8
41	00101001	29	105	01101001	69	169	10101001	A9	233	11101001	E9
42	00101010	2A	106	01101010	6A	170	10101010	AA	234	11101010	EA
43	00101011	2B	107	01101011	6B	171	10101011	AB	235	11101011	EB
44	00101100	2C	108	01101100	6C	172	10101100	AC	236	11101100	EC
45	00101101	2D	109	01101101	6D	173	10101101	AD	237	11101101	ED
46	00101110	2E	110	01101110	6E	174	10101110	AE	238	11101110	EE
47	00101111	2F	111	01101111	6F	175	10101111	AF	239	11101111	EF
48	00110000	30	112	01110000	70	176	10110000	B0	240	11110000	F0
49	00110001	31	113	01110001	71	177	10110001	B1	241	11110001	F1
50	00110010	32	114	01110010	72	178	10110010	B2	242	11110010	F2
51	00110011	33	115	01110011	73	179	10110011	B3	243	11110011	F3
52	00110100	34	116	01110100	74	180	10110100	B4	244	11110100	F4
53	00110101	35	117	01110101	75	181	10110101	B5	245	11110101	F5
54	00110110	36	118	01110110	76	182	10110110	B6	246	11110110	F6
55	00110111	37	119	01110111	77	183	10110111	B7	247	11110111	F7
56	00111000	38	120	01111000	78	184	10111000	B8	248	11111000	F8
57	00111001	39	121	01111001	79	185	10111001	B9	249	11111001	F9
58	00111010	3A	122	01111010	7A	186	10111010	BA	250	11111010	FA
59	00111011	3B	123	01111011	7B	187	10111011	BB	251	11111011	FB
60	00111100	3C	124	01111100	7C	188	10111100	BC	252	11111100	FC
61	00111101	3D	125	01111101	7D	189	10111101	BD	253	11111101	FD
62	00111110	3E	126	01111110	7E	190	10111110	BE	254	11111110	FE
63	00111111	3F	127	01111111	7F	191	10111111	BF	255	11111111	FF

〈보기 3-5〉 각 진수의 변환표

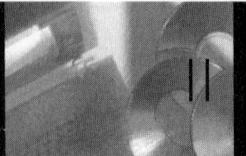

미디 메시지의 구조

미디 메시지는 하나의 정보 단위를 8개의 비트로 표현하며, 8개의 비트로 구성된 1바이트의 신호를 여러 개로 조합하는 것으로 모든 정보를 표현한다.

그러나 정확하게는 미디 메시지가 시작됨을 알리는 스타트 비트(Start Bit)와 메시지가 끝났음을 알리는 스톱 비트(Stop Bit)가 앞과 뒤에 첨부되어 모두 10개의 비트가 사용된다.

하지만 스타트 비트와 스톱 비트는 기본적으로 존재한다는 사실만 알고 있으면 되기 때문에 이에 대한 표기는 하지 않는다.

미디 메시지는 기본적으로 2가지 종류로 구분되며 최대 3개의 바이트가 쓰여진다. 처음에 동작 명령, 즉 미디 메시지의 종류를 나타내는 1개의 스테이터스 바이트(Status Byte)가 보내지고, 뒤를 이어 동작 명령의 수행 정도를 나타내는 2개의 데이터 바이트(Data Byte)가 보내진다.

〈보기 3-6〉 미디 메시지의 구조

그러나 미디 메시지의 종류에 따라 데이터 바이트가 1개만 쓰여지거나 시스템 메시지와 같이 아예 데이터 바이트는 없는 등 경우에 따라 약간의 차이가 있다.

Status Byte와 Data Byte

송신측에서 보내지는 미디 메시지들은 수신측 기기들의 혼란을 막기 위해서 이것이 어떤 종류의 것인지를 규정지어 줄 필요가 있는데 어떤 미디 메시지가 전송되면 그것을 수신하는 기기는 그것이 어떤 신호인지 첫번째 비트로 구별한다.

만약 첫번째 비트가 1로 시작되면 수신하는 기기는 동작 상태를 정의하는 스테이터스 바이트로 인식하고, 나머지 7개의 비트는 동작 명령의 종류를 나타내는 값이 된다.

그러나 첫번째 비트가 0으로 시작되면 데이터 바이트로서 나머지 7개의 비트는 스테이터스 바이트에서 설정된 명령 종류에 따라 얼마만큼을 이행할지를 나타내는 값이 된다.

따라서 미디 메시지란 수신되는 데이터들, 즉 스테이터스 바이트에 의해 구분되어지고 데이터 바이트에 의해 그 수행치를 조절하게 되는 것이다.

이렇게 미디 메시지를 구분하는 스테이터스 바이트와 데이터 바이트는 각각 다음과 같은 범위를 갖는다. 첫번째 비트(bit 7)가 1로 시작되는 스테이터스 바이트는 최소 128의 값을 가지므로 80H~FFH (128~256)까지의 범위를 갖게 된다. 그리고 첫번째 비트가 0의 값을 가지는 데이터 바이트는 두 번째 비트(Bit 6)부터 나머지 비트가 모두 1로 되었을 때에 최대수 127, 즉 최대 128단계의 값을 가질 수 있으므로 00H~7FH(0~127)까지의 범위를 갖게 된다

| 1 | | | | | | | | ⇒ 8H~FH/0~FH |
| 0 | | | | | | | | ⇒ 0H~7H/0~FH |

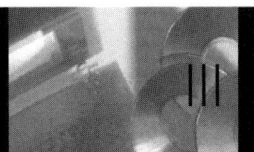

미디 메시지의 전송

미디 메시지는 직렬 전송(Serial Transmission)방식으로 1초에 31.25 Kbaud (+/- 1%)의 신호를 보낼 수 있다.

여기서 말하는 보(Baud)는 컴퓨터에서 사용하는 데이터 처리 속도 단위로 디지털 신호를 변조하여 송신할 때에 1초 동안 발생하는 변조 횟수를 나타낸다. 미디 메시지는 3바이트의 메시지를 1/1000초 단위로 초당 31,250개의 비트를 송신할 수가 있다.

미디 메시지 전송방식

미디는 메시지를 보내는 쪽과 받는 쪽이 서로 간섭하지 않는 비동기(Asynchronous)방식으로 이루어진다. 즉, 메시지를 보내는 쪽에서는 받는 쪽이 메시지를 제대로 받아서 처리하는지 상관없이 보내기만 하는 것으로 그 책임(?)을 다한다는 것이다.

미디는 8개의 비트를 하나의 바이트로 묶어서 보내게 된다.

그러나 실질적으로는 미디 규약에 의해 메시지는 한 번에 1바이트(8비트)씩 전송하는 것과 더불어 시작과 끝을 알리는 스타트 비트와 스톱 비트가 시작과 나중에 첨가되어 10개의 비트를 전송하는데 0.00032초(320 microseconds)당 하나의 바이트를 보내게 된다.

또한 전송되는 1바이트를 구성하는 8개의 비트는 동시에 보내지는 것이 아니라 직렬 전송(Serial Transmission)방식의 특성상 차례로 하나씩 보내게 된다.

Serial Transmission

미디 메시지가 사용하는 직렬 전송방식이란 컴퓨터와 컴퓨터 또는 컴퓨터와 주변 기기 사이에서 데이터를 전송할 때 쓰이는 방식의 하나로 한 번에 1비트씩 순서대로 전송하는 것을 말한다.

직렬 전송방식은 여러 개의 정보를 다루는 데 단지 하나의 선이면 되는 장점이 있지만, 전송 속도가 느리고 다수의 정보를 동시에 처리할 수 없다는 약점이 있다. 그러나 전송 속도는 느리지만 가격이 저렴하고 전송선의 추가가 적어 장거리 간의 데이터 전송용으로 많이 쓰이는 편이다.

이와 반대로 8개 또는 16개 등 복수의 선을 사용해 동시에 데이터를 전송하는 방식을 병렬 전송(Parallel Transmission)방식이라 한다. 이것은 동시에 데이터를 전송하기 때문에 전송 속도는 빠르나 다루어야 할 정보의 갯수만큼 여러 개의 선이 필요하다는 단점이 있다. 하지만 동시에 여러 정보를 처리할 수 있다는 장점도 있다.

아날로그 시대에는 악기간에 대부분 병렬 전송방식이었지만 디지털 시대에는 직렬 전송방식을 취하게 되었다.

Master & Slave

미디 메시지의 송·수신에 있어서 미디 메시지를 보내는 쪽을 마스터(Master), 미디 메시지를 받는 쪽을 슬레이브(Slave) 라고 한다.

마스터란 말 그대로 명령을 내리는(미디 메시지를 송신) 주인이고, 슬레이브란 명령을 하달받아(미디 메시지를 수신) 일을 수행(미디 메시지를 처리)하는 하인인 것이다.

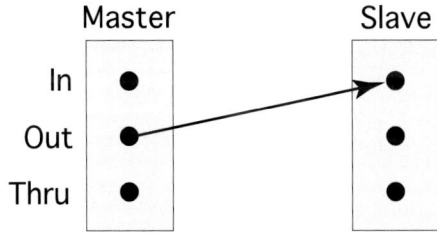

〈보기 3-7〉 마스터와 슬레이브

마스터가 되기 위해서는 자체적으로 미디 메시지를 생산해서 수출까지 해야 되는데 대부분의 마스터는 시퀀서가 될 것이다.

또한 컴퓨터 사용자들은 컴퓨터가 마스터가 될 것이라 여기겠지만, 엄밀히 따지자면 컴퓨터가 마스터가 아니라 그 안에 내장된 시퀀서용 미디 소프트웨어가 마스터가 될 것이다.

또 하나의 대표적인 마스터로는 키보드를 들 수 있는데 미디 접속의 가장 기본적인 방법인 마스터측 키보드의 미디 아웃과 슬레이브가 되는 다른 사운드 모듈, 또는 또 다른 키보드의 미디 인을 연결시키면 마스터 키보드에 내장된 음색과 다른 슬레이브 악기의 음색을 동시에 연주시킬 수가 있다.

그렇다면 문제 하나!
만약에 키보드를 컴퓨터에 연결하여 다른 악기를 울린다면 어느 것이 마스터가 되겠는가?
답은 간단하다.
키보드를 연주하여 바로 다른 악기를 울리면 키보드가 마스터가 되고, 키보드를 통하여 컴퓨터에 데이터를 입력한 뒤에 컴퓨터를 플레이시켜 울리면 컴퓨터가 마스터가 된다.
물론 입력하는 과정에서는 키보드가 마스터이다.
즉 언제나 마스터는 미디 메시지가 시작되어 보내는 측이 된다는 점을 명심하자.

MIDI Port

미디 메시지를 보내거나 받기 위해서 미디가 지원되는 기기들은 각각 미디 인(MIDI IN), 미디 아웃(MIDI Out), 미디 스루(MIDI Thru)라는 포트들을 갖고 있다.
미디 인은 미디 메시지를 받아들이는 입구이고, 미디 아웃과 미디 스루는 미디 메시지를 보내는 출구이다.
따라서 미디 아웃은 미디 인에, 미디 스루도 미디 인에 접속한다.

다음은 미디 포트의 연결 방법이다.

연결법이 뭐가 어려울까 싶지만 그래도 초보자들의 경우 각 기기들의 연결시

고민(?)하는 경우가 있는데, 그냥 쉽게 '보내니까 받고, 받으니까 보낸다' 라는 간단한 방식을 염두에 두고 연결하면 된다.

- MIDI IN   ←   MIDI Out 또는 MIDI Thru
- MIDI Out   →   MIDI IN
- MIDI Thru →   MIDI IN

미디 아웃과 미디 스루는 똑같이 미디 메시지를 보내는 출구이지만 쓰임새가 약간 다르다. 미디 아웃은 미디 아웃이 달린 기기에서 직접 미디 메시지를 보내는 것이고, 미디 스루는 외부에서 보내 온 미디 메시지를 자신이 수신하지 않고 말 그대로 내부의 간섭 없이 이 포트를 통과(Through)시켜 또 다른 기기에 전송시킬 때 사용한다.

미디 스루는 예를 들어 미디 인터페이스의 미디 아웃 포트가 하나밖에 없고, 악기는 2대 이상을 동시에 연주시키고자 할 때 사용한다.

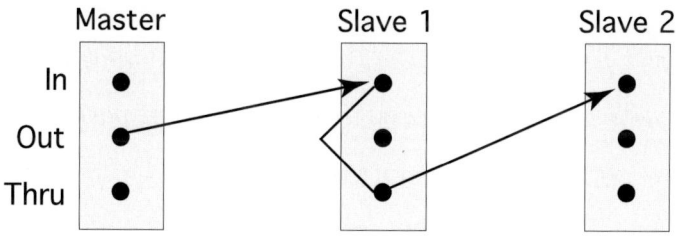

〈보기 3-8〉 미디 스루를 통한 연결

즉, 컴퓨터나 시퀀서에서 보내온 16채널에 대한 메시지 중 1~8번 채널은 악기 1이, 9~16번 채널은 악기 2가 수신할 수 있도록 할 수 있다.

이때 주의할 점은 미디 스루를 통과하는 메시지는 슬레이브 1의 미디 인으로 수신되는 것과 모든 것이 같기 때문에 슬레이브 1의 9~16번 채널과 슬레이브 2의 1~8번 채널은 꺼(Mute)놓아야 하며, 후에 배우게 될 익스클루시브 메시지에 의한 악기의 초기화 명령을 사용해서는 안 된다.

또한 2대 정도는 마스터에 의한 슬레이브로 사용이 가능하지만 3대 이상일 경우에는 메시지의 손실을 가져 올 수도 있으므로 주의해서 사용해야 한다.
그래서 여러 대의 미디 악기를 접속하는 경우에는 스루박스나 멀티형의 인터페이스를 이용하는 것이 좋다. 요즘에는 소형의 인터페이스라 해도 보통은 미디 아웃 포트가 2개 이상 지원되므로 미디 스루는 많이 사용되지는 않는다.

MIDI Cable

미디 케이블은 미디 포트들을 상호 연결시켜 미디 메시지를 보내거나 받을 때 사용하는 전용선이다.

미디 케이블은 미디가 직렬 전송방식을 따르는 양 방향 통신이므로 인 아웃의 구별 없이 어느 쪽이든 원하는 미디 포트에 연결하면 된다.

미디 케이블은 5개의 핀으로 이루어져 있으며 DIN(Deutsche Industrie Normen)규격, 즉 독일의 표준 공업 규격을 따른다.
딘 핀은 모두 5개로 이루어져 있는데, 5개의 핀 중 1번과 3번 핀은 사용되지 않고 2번 핀은 연결 중의 보호를 위한 접지(Cable Shield)로 사용하기 위하여 양쪽에 연결되어서 실제로 미디 메시지의 송·수신에 사용되는 것은 4번과 5번 핀인

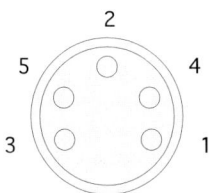

〈보기 3-9〉 미디 케이블 구조도

2개의 내선만 사용된다.

  미디 케이블은 규약에 의해 외부로부터의 전기적인 노이즈를 방지하기 위하여 실질적인 내부의 선이 꽈배기 모양으로 잘 꼬여져 있어야 하며 보호(Shield)되어 있어야 한다.

  따라서 내부가 잘 꼬여 있고 쉴드(Shield)된 선과 딘 핀만 구입하면 직접 제작할 수 있다. 악기상가에서 유통중인 대부분의 미디 케이블들이 길이에 따라서 가격이 높아지기 때문에 원가를 생각한다면 직접 만들어 보는 것도 좋을 것이다.

  미디 케이블의 길이에 대하여는 사용자들마다 의견이 분분하고, 또 미디 규약에서도 최대 50피트(Feet) 이내로 길이에 제한을 두고 있기 때문에 15미터만 넘지 않는다면, 또 그리 길게 할 경우도 드물기 때문에 그리 크게 신경쓸 필요는 없을 것같다.

IV 미디 메시지의 구성

앞에서 알아본 바와 같이 00H(0)부터 FFH(255)까지의 1바이트의 미디 메시지는 256가지의 수치 표현이 가능하다.

이 256가지의 바이트를 반으로 나누어 00H(0)부터 7FH(127)까지는 음정이나 음량을 표시하는 데이터 바이트로 사용하고, 나머지 80H(128)부터 FFH(256)는 소리를 내거나 내지 않는 등의 악기의 다양한 상태를 나타내는 스테이터스 바이터로 사용한다.

다시 말하면 스테이터스 바이트와 데이터 바이터가 합쳐져서 미디 메시지를 이루는 것이다.

이렇게 스테이터스 바이트와 데이터 바이트로 이루어진 미디 메시지는, 크게 음악을 만드는 데 결정적으로 영향을 미치는 채널 메시지(Channel Message)와 전반적인 운용에 필요한 시스템 메시지(System Message)로 구성되어 있으며, 그 안에는 그들을 구성하는 많은 메시지들이 속해 있다.

예를 들어 카세트 테이프를 플레이어에 넣고 음악을 듣는다고 했을 때 오디오 기기의 전반에 걸쳐 있는 연주, 뒤로 감기, 앞으로 감기, 일시 정지 버튼 등 오디오 기기를 운용하는 데 사용되는 것들이 시스템 메시지에 해당되고, 실질적인 소리에 해당되는 테이프 안에 담겨 있는 오디오 신호들이 채널 메시지에 해당된다.

미디 메시지들은 서로 밀접한 관계를 가지고 있으며, 미디 메시지 하나하나가 모두 중요한 것들이다. 그러므로 앞으로 전개될 설명들을 잘 참고하면 독자들의 미디에 대한 올바른 이해에 도움이 될 것이다. 따라서 좋은 데이터를 만들 수 있어 작업시에도 많은 도움이 될 것으로 믿는다.

미디 메시지 구성도

스테이터스 바이트에 의해서 정의되는 미디 메시지는 미디 규약에 의해 다음의 〈보기3-10〉(p.106)과 같이 구분시켜 놓았다.

그러나 '반드시'라고 규정지어진 것은 아니기 때문에 모든 미디 관련 기기들이 보기의 메시지 전부를 지원하지는 않고, 제품의 특성에 필요한 메시지들만을 처리할 수 있도록 하는 실정이다.

또한 지원되는 미디 메시지들의 효과도 각 기기에 따라 약간의 차이를 보일 수 있으므로 작업시 유념하기 바란다.

Channel Message

채널 메시지는 음악적인 구성 요소들을 모두 포함하고 있다.

즉 여러분이 음악을 만들기 위해서 작업하는 모든 행위는 우선적으로 채널 메시지들을 깎고 다듬는 행위라고 할 수 있다. 따라서 음악에 직접적인 영향을 미치는 채널 메시지에 대한 이해는 바로 음악의 기술적인 이해라고 보아도 과히 틀린 말은 아닌 것이다.

채널 메시지를 이루는 하나의 스테이터스 바이트는 4개의 비트가 채널 메시지의 종류를 나타내고, 나머지 4개의 비트가 채널 메시지가 적용될 채널을 나타낸다.

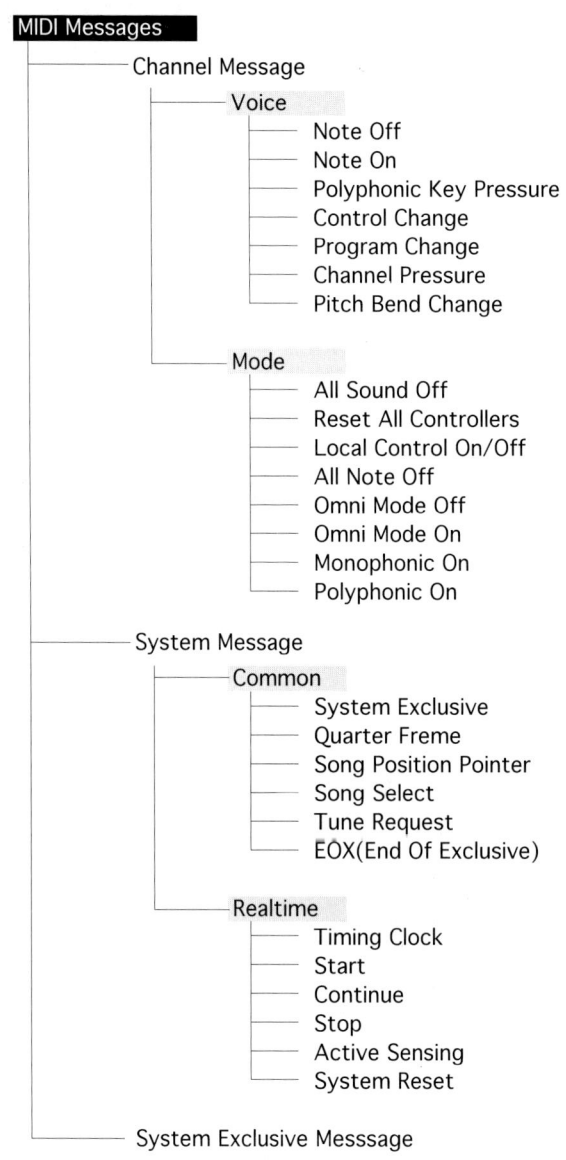

<보기 3-10> 미디 메시지 구성도

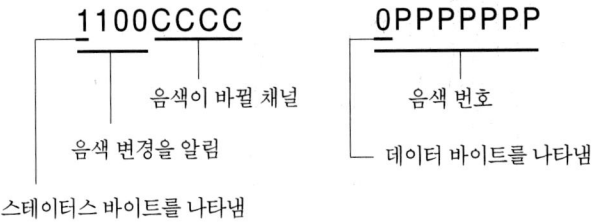

<보기 3-11> 채널 메시지(프로그램 체인지)의 예

물론 후속으로 이어지는 데이터 바이트는 스테이터스 바이트에 의하여 정의된 채널 메시지의 수행치를 나타낸다.

채널 메시지는 어떤 메시지든 특정 채널을 나타내는 메시지가 먼저 전송되는 것을 알 수 있다. 즉 채널 메시지들을 수신하는 슬레이브 측에서는 마스터 측에서 보내지는 특정 채널에만 영향을 받는다.

채널 메시지는 특정한 채널에 관련된 정보가 전달되는 메시지로서 크게 채널 보이스 메시지(Channel Voice Message)와 채널 모드 메시지(Channel Mode Message)로 구분된다.

Channel

미디를 운용하는 데 있어서 가장 많이 나오는 단어 중에 하나가 채널이라는 말이다.

채널은 미디뿐 아니라 텔레비전, 라디오, 믹싱 콘솔, 비디오 기기, 조명기기 컨트롤러 등 많은 곳에서 사용되며 그 의미 또한 비슷하다.

미디에서의 채널은 정확하게는 미디 채널(MIDI Channel)을 말한다. 대부분의 연주 정보는 채널 메시지들에 담겨 있기 때문에 각각의 채널을 어떻게 이용하느냐 하는 것이 실제적으로 미디를 이용하는 것이라고 보아도 그리 틀린 말은 아닐 정도로 채널의 운용은 중요하다.

채널은 미디 메시지의 출력과 관계가 있다. 물론 때에 따라서는 슬레이브 입장에서 본다면 입력과도 관계가 있기는 하지만….

어쨌든 뒤에 설명될 트랙과 채널의 차이, 볼륨과 벨로서티의 차이를 다른 사람들에게 설명할 수 있을 정도만 되면 미디의 기본기는 충분히 갖추었다고 볼 수 있다.

■ 채널의 개념

채널은 도로 위에 그어진 차선과 같다.

이 차선은 운전자가 임의로 차선의 수나 어떤 차만 지나가라는 것들을 마음대로 그려 넣을 수가 있다.

그러나 이 차선은 일반적인 도로 위의 그것과는 달리 중간에 차선을 변경할 수가 없고 항상 출발지에서 정해진 목적지를 향해서만 달릴 수 있다. 부연하자면 채널은 임의로 변경이 가능하기 하지만 단지 1번 채널에서 출발시킨 메시지를 2번이나 3번 채널 등으로 보낼 수는 없다는 것이다.

예들 들어 자신이 표현하고자 하는 음악에 필요한 요소들인 음정이나 음의 세기, 미디 컨트롤러 등을 차라는 메시지에 싣고 마스터의 4번 채널에서 출발시켰다고 하자. 그러면 그 차는 4번 채널만을 달려 목적지인 슬레이브 악기의 4번 채널에 도착하여 싣고 온 메시지라는 짐을 부려 비로소 4번 채널에서의 소리(음악)가 이루어지는 것이다.

결론을 말하자면 모든 채널 메시지는 이 채널을 통하여 미디 메시지를 보냄으로써 특정 악기나 특정의 음색만을 연주할 수 있게 되는 것이다.

■ **채널의 수**

채널의 수는 채널 메시지들이 동시에 드나들 수 있는 통로의 수를 뜻한다.

대부분의 미디 기기들은 16개의 채널을 지원한다. 즉 하나의 악기에 최대 16개의 서로 다른 메시지를 보냄으로써 16가지의 음색을 동시에 연주시킬 수 있다는 뜻이다.

따라서 하나의 악기로도 일반적인 대중음악을 충분히 연주할 수 있다.

물론 음색을 잘 설정하거나 채널의 효과적인 운용으로 오케스트레이션 효과도 충분히 낼 수 있으므로 교향곡의 연주도 가능하다.

여기서 한 번 생각해 볼 수 있는 것이 만약 시퀀서나 소프트웨어가 16채널보다 더 많은 수의 채널을 지원한다면 음악을 만드는 데 많은 도움이 되지 않을까 하는 것이다.

따라서 프로용임을 표방하는 소프트웨어들 중에는 32채널에서 많게는 512채널, 1024채널까지도 지원하는 것들이 있다.

그러나 엄밀히 따지자면 채널을 늘리는 것이 아니라, 트랙을 늘리고 그 트랙에 설정된 악기들마다 개별적으로 16채널을 구분하여 설정할 수 있게 하는 방식이다.

이러한 소프트웨어들을 사용하기 위해서는 미디 인, 아웃 포트가 독립적으로 설정이 가능한 멀티형의 인터페이스가 필요하다.

즉, 1번 케이블에 16채널, 2번 케이블에 16채널…. 이런 식으로 채널을 늘려서 사용할 수 있으므로 여러 개의 케이블을 연결할 수 있도록 만들어 놓고, 하나의 케이블에 하나의 악기만을 연결하여 16채널씩 늘려가는 것으로 많은 악기들의 개별적인 연주가 가능하게 하는 것이다.

■ 채널의 우선순위

하나의 채널에는 하나의 음색에 대한 메시지만 송·수신할 수 있다. 따라서 복수의 음색을 연주시키기 위해서는 해당 음색 수만큼의 채널을 사용해야 한다.

그러나 채널을 각 음색에 배분하기 위해서는 약간의 지식이 필요하다. 물론 많은 수의 채널이 아닐 경우에는 상관이 없지만, 악기의 동시 발음수가 초과되는 경우를 생각해서라도 다음 경우를 지켜서 사용하기 바란다.

채널은 우선순위가 있다.

여기서의 우선순위란 16개의 채널에 모두 미디 메시지를 송신하면 슬레이브가 16채널을 동시에 처리하지 못하므로 비록 순식간이기는 하지만 우선순위를 두어 처리하는 것을 말한다.

이 우선순위는 특히 그 악기가 동시 발음수를 넘었을 때 우선순위의 채널 순으로 발음하기 때문에 곡에서 차지하는 비중 순으로 채널을 설정해야 한다.

이 우선순위는 각 악기들마다 차이가 있으므로 표준 미디 형식(General MIDI)을 기준으로 하면, 첫번째가 악기 전체에 영향을 미치는 시스템 메시지가 전송되는 1번 채널, 두 번째는 음악의 뼈대를 이루는 드럼을 위한 10번 채널 순이며 그 다음부터는 2번 채널부터 나머지 채널 순이다.

그러나 기종에 따라서는 1번 채널과 10번 채널의 순위가 바뀐 것들도 있다.

다시 한 번 반복하지만 채널에 음색을 설정할 때의 기준은 무엇보다도 동시 발음수를 넘었을 때를 고려해서 곡에서 차지하는 비중 순이어야 한다는 것이다. 따라서 별도의 음색이 추가될 경우에는 사용되지 않는 채널 순으로 설정해야 하며 더불어 채널이 모자라는 경우에는 연주되지 않는 부분(마디) 순으로 설정한다.

또한 GS로 작성될 경우에는 GM 사용자들과의 교류를 위해서 기본 음색과 유사한 음색으로 뱅크 실렉트(Bank Select)를 설정해야 한다.

채 널	음 색
1	초기화 시스템 익스클루시브와 음 수가 많은 피아노 전용
2	베이스 기타 전용
3	곡의 전체적인 화성을 나타낼
4	주 멜로디 전용
5	주 멜로디를 위한 오블리가토(Obbligato)적인
6	주 멜로디에 대위적인
7	곡 전체에 대위적인 선율
8	주 멜로디에 역동적인
9	곡 전체의 대선율에 부가되는
10	드럼 전용
11	GS일 때는 드럼 II나 퍼커션, GM일 때는 특수효과적인
12	특수효과적인
13	이미지 효과적인 멜로디
14	이미지 효과적인 화성
15	주 멜로디의 코러스 파트 1
16	주 멜로디의 코러스 파트 2

〈보기3-12〉 GM을 위한 채널 세팅

Track

채널과 더불어 많이 사용되는 용어 중의 하나가 바로 트랙이다.

미디의 입문자들이 볼륨과 벨로서티를 혼동하듯이 채널과 트랙도 혼동하기 쉽다.

트랙은 아무리 훌륭한 미디 메시지가 입력되어 있다 하더라도 그 자체만으로는 미디 메시지의 전송, 즉 연주에 아무런 영향을 미치지 못하고 채널을 지정해 줄 때에만 그 성능을 발휘한다.

그러므로 1번 트랙을 사용하든 100번 트랙을 사용하든 트랙은 하나의 저장고로서의 역할밖에 못 하고, 그 저장고의 문을 열어 밖으로 보내는 역할을 하는 것은 채널인 것이다.

■ 트랙의 개념

채널(차선)이 미디 메시지(자동차)들을 외부에 연결된 기기의 어디로 보낼 것인지 또는 외부의 어디를 통해서 들어왔는지에 관계가 있다면, 트랙은 그 미디 메시지들이 모여 있는 땅(도로)이라고 할 수 있다.

따라서 미디 메시지들은 트랙에 입력되고, 그 트랙에서 설정된 채널을 따라 외부 기기로 전송된다.

그러므로 도로에는 사용자가 원하는 차선을 16개중 하나만 설정하여 원하는 차들만 그 차선을 따라 마음대로 지나게 할 수 있다.

바꾸어 말하면 트랙에 아무리 좋은 미디 메시지가 입력되어 있다 하더라도 채널을 설정해 주지 않으면 전송되지 않기 때문에 없는 것과 같다는 것이다.

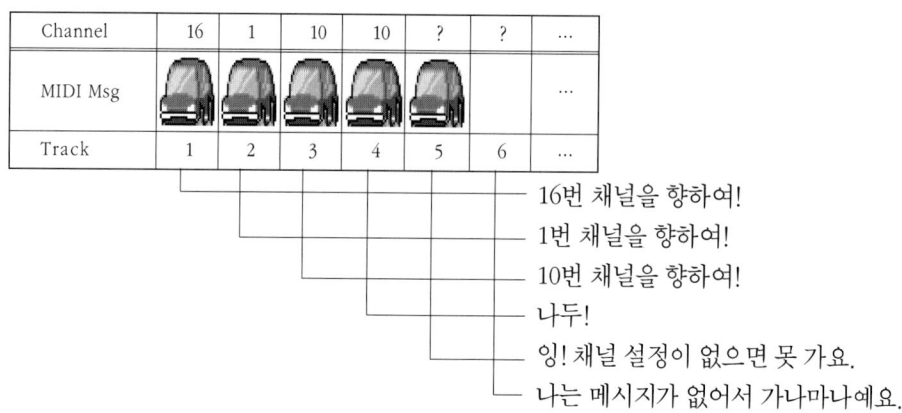

〈보기 3-13〉 트랙과 채널

■ 트랙의 수

16채널만을 지원하는 일반적인 시퀀서나 소프트웨어들은 트랙도 채널과 같이 16트랙만 지원하는 경우도 있지만 트랙의 수는 채널과는 아무런 상관이 없다. 즉 16트랙에 골고루 16채널을 설정해서 사용할 수도 있고, 하나의 채널만을 16트랙 전부에 설정하여 사용할 수도 있다.

또한 미디 타입 0(MIDI Type 0)으로 저장시킬 때라든지, 또는 시퀀서나 소프트웨어의 기능에 따라 하나의 트랙에 16채널 전부를 사용할 수도 있다. 바꾸어 말하면 트랙이 100개라고 해서 100개의 채널을 사용할 수 있는 것은 아니라는 뜻이다.

그저 채널은 16개만 존재할 뿐이다.

앞에서도 설명한 바와 같이 많은 수의 채널을 사용하기 위해서는 그에 맞는 소프트웨어와 멀티형의 인터페이스가 동시에 구비되어야 한다.

트랙의 수는 슬레이브 미디 기기들과는 상관 없이 마스터에 해당하는 시퀀서나 소프트웨어들에만 해당된다.

즉 마스터의 1번 트랙에 채널 1번을, 2번 트랙에도 채널 1번을 설정해 놓았다면 슬레이브는 트랙 1번에 있건, 2번에 있건 상관 없이 채널 1번에 있는 메시지만을 인지하고 그에 따라 반응한다.

■ 트랙의 운용

트랙에 미디 메시지들을 입력할 때는 가능하면 분리하여 입력하는 것이 좋다.

즉 피아노의 경우 오른손은 1번 트랙, 왼손은 2번 트랙에 나누어 입력을 하게 되면 악보를 만드는 데 있어서도 유리할 뿐 아니라 채널을 달리하여 음색을 따로 설정한다든지 소리의 위상을 따로 설정한다든지 하여 많은 효과를 줄 수가 있다.

특히 드럼의 경우 드럼을 이루는 각 파트를 분리시켜야만 킥은 악기 1에서 스네어는 악기 2에서 소리가 나게 한다든지, 멀티트랙 레코더(Multitrack Recorder)를 이용한 녹음시에도 편안히 할 수가 있다.

Track	Instrument	Channel	Patch
1	ARS-10	1	Piano Right
2	TG-77	1	Piano Left
3	D4	10	Kick
4	D4	10	Snare
5	RS-M	10	Cloused Hi-hat
6	Procussion	10	Open Hi-hat

〈보기3-14〉 트랙 운용의 예

Voice Message

보이스 메시지는 채널 보이스 메시지(Channel Voice Message)를 말하는데, 사람으로 치면 말 그대로 목소리와도 같은 소리의 표현에 관련된 구체적인 정보들의 총칭이다.

보이스 메시지는 음악의 근간을 이루는 채널 메시지들 중에서도 가장 핵심적인 역할을 한다.

음악적인 지식이나 감성이 아무리 뛰어나다 하더라도 그것이 소리로 완성되지 못하면 음악이라는 형태로 존재할 수가 없기 때문에, 실질적인 소리에 관련된 정보들인 보이스 메시지들을 잘 다룰 줄 아는 것이야말로 그 어느 것보다도 중요하다고 할 수 있다.

사실 다른 메시지들은 없이 보이스 메시지들만 가지고도 얼마든지 하나의 음악을 위한 구성 요소가 이루어질 수 있다.

Note Off / 8cH

노트 오프 메시지는 모든 노트(음표)들의 활동을 정지시키는 메시지이다.

이 메시지는 노트 오프 메시지를 알리는 스테이터스 바이트(8cH의 8)와 어느 채널의 노트를 정지시킬 것인가(8cH의 c)에 이어 후속으로 이어지는 2개의 데이터 바이트, 즉 정지될 노트의 음정(nnH)과 음의 세기를 나타내는 벨로서티(vvH)가 이어진다.

	Status	Second	Third
B	1000cccc	0nnnnnnn	0vvvvvvv
H	8cH	nnH	vvH

```
c  = midi Channel number : 0H - FH    (ch.1 - ch.16)
nn = Note number         : 00H - 7FH  (0 - 127)
vv = Velocity            : 00H - 7FH  (0 - 127)
```

또 다른 방법으로는 어쨌든 소리만 안 나면 되기 때문에 다음에 설명될 노트 온 메시지에서 벨로서티 값을 0으로 하여 노트는 있지만 소리는 안 나게 하는 방법으로 처리하기도 한다.

Note On / 9cH

노트 온 메시지는 음이 시작될 때에 보내지는 메시지로, 음정을 나타내는 노트 넘버(Note Number)와 연주의 세기를 나타내는 벨로서티(Velocity)로 이뤄진다.

이 메시지는 노트 온 메시지를 알리는 스테이터스 바이트(9cH의 9)와 어느 채널의 노트인가(9cH의 c)에 이어 후속으로 이어지는 2개의 데이터 바이트, 즉 음의 높낮이(nnH)와 음의 세기를 나타내는 벨로서티(vvH)가 이어진다.

	Status	Second	Third
B	1001cccc	0nnnnnnn	0vvvvvvv
H	9cH	nnH	00H

```
c  = midi Channel number : 0H - FH   (ch.1 - ch.16)
nn = Note number         : 00H - 7FH (0 - 127)
vv = Velocity            : 00H - 7FH (0 - 127)
```

■ 노트(Note)와 노트 넘버(Note Numbers)

노트는 온음표, 4분음표, 8분음표 등 음표 그 자체를 말한다.

노트 메시지에서 악보상의 높낮이를 나타내는 것은 노트 넘버이다.

노트 넘버는 128(0-127)개를 가질 수 있는데 피아노보다도 많은 수를 가지므로 음악적 표현에 있어서 음정의 한계를 느끼지는 않을 것이다.

여기서 주목할 것은 옥타브에 관한 기준이다.

다음의 〈보기3-15〉에서는 편의상 0부터 10옥타브로 표기하였지만, 우리가 일반적으로 말하는 보통 '도(C조 악기에서의 가온 다)'를 표기하는 데 있어서 소프트웨어나 악기들마다 서로 기준이 다를 수도 있다.

즉 원칙적으로는 128단계의 가장 중간점인 60을 C3로 표기하여야 하지만 어떤 것들은 C4나 C5로 표기하기도 한다.

다시 말하면 소프트웨어에서는 C3로 표기되어 송신하지만 수신하는 악기에서 실제 나는 소리는 C4나 C5 또는 그 밖의 다른 음정일 수도 있음을 명심하여야 한다.

이렇게 기준음이 다른 것은 여러 가지 이유가 있을 수 있는데, 우선적으로는 악기의 특성에서 그 이유를 찾아볼 수가 있다.

	C	C#	D	D#	E	F	F#	G	G#	A	A#	B
0	0	1	2	3	4	5	6	7	8	9	10	11
1	12	13	14	15	16	17	18	19	20	21	22	23
2	24	25	26	27	28	29	30	31	32	33	34	35
3	36	37	38	39	40	41	42	43	44	45	46	47
4	48	49	50	51	52	53	54	55	56	57	58	59
5	60	61	62	63	64	65	66	67	68	69	70	71
6	72	73	74	75	76	77	78	79	80	81	82	83
7	84	85	86	87	88	89	90	91	92	93	94	95
8	96	97	98	99	100	101	102	103	104	105	106	107
9	108	109	110	111	112	113	114	115	116	117	118	119
10	120	121	122	123	124	125	126	127				

〈보기3-15〉 미디 메시지에서의 노트 넘버

제조사들이 음색을 만들 때 모든 주파수에서 좋은 소리를 가질 수는 없기 때문에 음색에 따라 가장 좋은 주파수대를 찾다보니 그렇게 될 수도 있고, 기보법의 특성을 악기에 반영하여 그렇게 될 수도 있다는 것이다.

어쿠스틱 악기들의 연주시 악보상에 표시되는 음정과 실제 악기의 그것과는 다른데 오선상에서 벗어나게 되면 악보를 그릴 때 불편하므로 이를 해소하고자 하다보니 악보 기보상의 음정과 실제의 음정에서는 많게는 1옥타브에서 3옥타브까지 차이가 있게 된다.

그래서 어떤 악기들, 예를 들자면 많이 사용되고 있는 사운드 캔버스의 베이스 음역도 악보보다 1옥타브 아래에서의 소리가 음정이 맞는다.

그러므로 마스터나 슬레이브 모두 표기되는 음정과 실제로 소리나는 음정의 차이를 정확히 파악할 수 있도록 하자.

그렇지 않고 악보만을 보고 입력하는 경우 1옥타브 이상씩 차이가 나는 경우가 있을 수 있다.

■ 키보드 레인지(Keyboard Range)

키보드 레인지는 각 악기(음색)가 소리낼 수 있는 음정의 범위를 말한다.

음정의 범위는 사용자가 임의로 설정하기도 하지만 대부분의 경우는 그대로 사용하는데, 악기나 음색의 성격에 따라서는 특정 범위를 벗어나면 소리가 나지 않을 수도 있다. 본래의 어쿠스틱 악기들은 각각 자신들이 연주할 수 있는 음역대가 있는데, 샘플링하여 사용하는 악기의 음색들 중에는 때에 따라 어쿠스틱 악기들의 음역대에 맞추어 키보드 레인지를 제한하기도 하기 때문이다.

그러므로 원칙적으로 어쿠스틱 악기를 미디로 표현하고자 할 때에는 그 악기만의 음역대를 지키는 것이 올바른 방법이다.

Polyphonic Key Pressure / AcH

폴리포닉 키 프레셔와 채널 키 프레셔 메시지는 음이 시작된 후에 이어지는 메시지로 손가락이 건반을 누르는 압력치를 말한다.

이 메시지에 폴리포닉 키 프레셔 메시지를 알리는 스테이터스 바이트(AcH의 A)와 어느 채널에 적용될 것인가(AcH의 c)에 이어 후속으로 압력값이 적용될 음정(nnH)과 압력에 의해 설정된 기능의 효과 값의 정도를 나타내는 메시지(vvH)가 이어진다.

	Status	Second	Third
B	1010cccc	0nnnnnnn	0vvvvvvv
H	AcH	nnH	vvH

c = midi Channel number : 0H - FH   (ch.1 - ch.16)
nn = Note number   : 00H - 7FH (0 - 127)
vv = Velocity   : 00H - 7FH (0 - 127)

■ After Touch

폴리포닉 키 프레셔와 채널 키 프레셔는 일반적으로 애프터 터치라는 용어로 대신하는 경우가 많다.

애프터 터치란 노트 온 메시지에 이은 벨로서티와는 분명히 구분되는, 건반을 누른(Touch) 후(After)에 완전히 손을 떼기 전까지 건반을 누르는 압력값의 변화를 추가로 보내는 메시지라는 뜻이다.

즉 건반을 눌러서 음이 시작되었을 때에 보다 강하게 눌러 소리를 보다 세게 되도록 하거나 힘을 빼면서 약하게 할 수 있으며, 이러한 정도를 설정된 기능에 접합시켜 소리에 변화를 줄 수 있다는 것이다.

예를 들어 비브라토로 설정해 놓았을 경우 누르는 힘의 강도에 따라 음의 떨림을 조절할 수 있으며 피치로 설정할 경우에는 음정의 변화를 조절할 수 있다.

만약 애프터 터치 메시지가 없다면 연주에 직접적인 영향을 미치는 노트에 관계된 모든 신호들은 켜짐과 꺼짐만 있을 뿐 인간의 감정을 나타내는 표현력에 제약을 받게 될 것이다. 따라서 이는 디지털을 보다 어쿠스틱에 근접하게 해 주는 데 아주 중요한 역할을 한다.

이러한 기능은 대부분의 경우 미디 컨트롤러 1번에 해당되는 모듈레이션으로 설정되어 있지만, 악기에 따라 음색마다 특정의 기능을 설정해 놓기도 한다. 이를 임의로 바꾸고자 한다면 음색의 에디트 모드에서 변경할 수 있다.

애프터 터치는 악기 내부에서 설정된 기능에 따라 그 효과가 달라지지만, 그에 대한 값은 손의 힘에 의해서 건반이 받는 압력과 관련되기 때문에 키 압력(Key Pressure)이라고도 한다.

또한 압력을 받아들이는 기준에 따라 다음과 같이 두 가지로 나뉜다. 다음의 〈보기 3-16〉은 같은 뜻으로 사용되는 애프터 터치의 다른 용어들이다.

채널 전체에 효과	특정 노트에 효과
채널 키 압력(Channel Key Pressure)	폴리포닉 키 압력(Polyphonic Key Pressure)
채널 압력(Channel Pressure)	폴리 키 압력(Poly Key Pressure)
모노 압력(Mono Pressure)	폴리 압력(Poly Pressure)

〈보기 3-16〉 애프터 터치를 뜻하는 다른 용어들

채널 키 압력의 경우 채널 전체에서 받아들이기 때문에 많은 음이 사용된 화음에서도 같은 효과를 나타내지만, 폴리 키 압력은 동시에 같은 화음으로 연주되더라도 각 노트들의 압력을 따로따로 제어할 수 있다. 따라서 폴리 키 압력이 채널 키 압력보다 더 발전된 형태라 할 수 있다.

이러한 폴리 키 압력 메시지를 발생시키거나 제어하기 위해서는 이를 위한 압력 센서가 악기에 내장되어 있어야 한다. 그러나 기종에 따라서 이러한 센서가 없는 경우도 있는데, 이런 경우에는 이 메시지가 수신되어도 폴리 키 압력을 제어할 수 없기 때문에 슬레이브는 그냥 채널 키 압력으로 처리하고 만다.

Control Change / BcH

컨트롤 체인지 메시지는 미디 컨트롤러의 설정과 수행치를 나타내는 메시지로서 이에 관련된 세부적인 사항은 제4장에서 다루도록 한다.

이 메시지는 컨트롤 체인지 메시지를 알리는 스테이터스 바이트(BcH의 B)로 시작되어 어느 채널인가(BcH의 c)에 이어 후속으로 이어지는 2개의 데이터 바이트, 즉 어떤 컨트롤러인가(ccH)와 컨트롤러 효과 값의 정도를 나타내는 메시지(vvH)로 이어진다.

	Status	Second	Third
B	1011cccc	0ccccccc	0vvvvvvv
H	**BcH**	**ccH**	**vvH**

```
c  = midi Channel number : 0H - FH    (ch.1 - ch.16)
cc = Controller number   : 00H - 7FH (0 - 127)
vv = Value               : 00H - 7FH (0 - 127)
```

Program Change / CcH

음색 종류를 설정하는 메시지.

이 메시지는 프로그램 체인지 메시지를 알리는 스테이터스 바이트(CcH의 C)와 원하는 음색 번호(ppH)가 이어지는 2개의 바이트만을 사용한다.

	Status	Second
B	1100cccc	0ppppppp
H	**CcH**	**ppH**

```
c  = midi Channel number : 0H - FH    (ch.1 - ch.16)
pp = Program number      : 00H - 7FH (0 - 127) or (0 - 128)
```

프로그램이란 각 악기 제조사들마다 패치(Patch), 보이스(Voice), 인스트루멘트(Instrument), 콤비네이션(Combination) 등 다른 용어로 표기하기도 하지만 이들은 모두 음색을 지칭하는 말이다. 따라서 프로그램 체인지 메시지는 음색을 바꾸는 메시지이다.

음색 번호는 항상 곡의 첫머리에 있어야 한다. 그래야만 어느 상황에서든 그 채널에는 피아노면 피아노, 베이스 기타면 베이스 기타라는 식의 일정한 연주가 가능할 것이다. 물론 하나의 채널에 한 가지의 음색만 사용할 수 있는 것은 아니며 중간에 아무 위치에서나 변경이 가능하다.

그러나 GM형식으로의 작업이 아닌 녹음을 필요로 하는 작업이라면 사용하는 음색 수만큼의 트랙을 따로 구분지어 사용하는 것이 좋다.

또한 멀티형의 인터페이스가 있어서 많은 수의 채널이 여유가 있다면 그만큼의 채널로 분리시켜 놓는 것이 녹음시에 보다 시간을 줄일 수 있어서 효과적이다.

음색을 바꾸기 위해서는 시퀀서에서 임의의 음색 번호를 입력하는 방법과, 시퀀서 소프트웨어들이 제공하는 음색 리스트를 지정하면 자동으로 해당 번호가 입력되어 음색의 설정이 이루어지는 2가지의 방법이 있다.

이 때에 음색 리스트를 이용하는 방법에서는 별 무리가 없으나 그냥 음색 번호만 가지고 입력하는 경우에는 주의해야 할 것이 있다.

■ 0 Based와 1 Based

미디는 128단계의 수치를 가지고 있음을 기억할 것이다.

이 때에 간단하면서도 중요한 문제가 발생할 수 있는데 그것이 바로 0부터 시작할 것이냐(0 Based), 1부터 시작할 것이냐(1 Based)하는 문제이다.

즉 미디 메시지는 기본적으로 128단계의 값을 가짐으로 각 악기 제조사들은 음색 번호의 시작을 0번부터 할 것인지, 아니면 1번부터 할 것인지에 대하여 서로가 다르기 때문에 사용자는 이에 따른 혼동이 있을 수 있다.

요즘 선보이는 소프트웨어들은 자체적으로 이러한 사항을 선택할 수 있도록 지원하고 있기에 문제가 될 것이 없으나, 시퀀서나 초기의 아타리용의 노테이터 같은 소프트웨어들은 음색을 선택하기 위해서 악기 메뉴얼의 음색 리스트를 보면서 1을 더하거나 빼면서 음색을 선택하여야만 하는 문제가 있었다.

■ 동시 발음수, 음색, 성부

보이스(Voice)라는 말은 음악 용어에서는 성부를 가리키나 미디에서는 프로그램과 더불어 음색이라는 뜻으로도 쓰인다.

여기서 가장 주목해야 할 것은 동시 발음수라는 것이다. 동시 발음수는 하나의 악기가 동시에 몇 개의 소리(Voice)를 낼 수 있는가를 나타낸다.

여러분들은 가끔씩 하나의 악기의 음색에 치중되어 있을 경우 연주 중 특정의 음색이 끊기는 경험을 했을 것이다.

이것은 각 악기들이 가지고 있는 동시 발음수라는 한 번에 울릴 수 있는 제한된 음의 수를 넘었기 때문이다.

각 악기들은 하나의 음색을 이루기 위해서 그 악기 특유의 소리의 재료인 음원(Oscillator-사운드 모듈과는 의미가 다름)을 서로 조합시켜 만든다.

예를 들면 많은 사람들이 널리 사용하고 있는 사운드 캔버스의 메뉴얼 뒷장에 있는 "SOUND Canvas INSTRUMENT TABLE"을 보면 'Number of voice'라는 항목에 (1) 또는 (2)로 표시되어 있는 것을 볼 수 있을 것이다. 사운드 캔버스의 경우 이것들의 합이 바로 동시 발음수 또는 최대 발음수가 되는 것이다. 따라서 1개의 노트만을 사용했을지라도 그 음색을 이루는 보이스의 수가 (2)라면 2개를 사용한 것이 된다.

■ 음색의 배치

각 악기들마다 음색을 배치하는 방법은 차이를 보인다.

먼저 숫자 나열식이라 할 수 있는 아라비아 숫자만을 이용한 방법과, 뱅크 나눔식이라 할 수 있는 뱅크 A의 1번부터 몇 번, 뱅크 B의 1번부터 몇 번… 이라는 2가지의 방법이 널리 쓰인다.

물론 숫자 나열식에서도 최대 128단계의 수치를 벗어나면 뱅크 실렉트를 사용한다든지, 뱅크 나눔식에서도 아라비아 숫자만으로 선택이 가능하다든지 음색의 선택에 있어서는 거의 동일하지만 때에 따라 문제가 될 수도 있다. 그러나 이러한 사항은 자신이 사용하는 악기들에 따라 천차만별이기 때문에 일일이 열거할 수는 없으므로 생략하기로 한다.

하지만 뱅크 나눔식이라 하더라도 예를 들어 A~F 뱅크에 1~8로 나누어져 있을 경우 모두 8×8=64개이므로 이를 유추해 보면 자신의 시퀀서나 소프트웨어에서 어떻게 음색 번호를 설정해야 하는지 쉽게 알 수 있을 것이다.

■ 음색이야기

필자는 전에 그림을 누르면 그 그림에 해당되는 소리가 나오는 타이틀을 만든 적이 있다. 그 중에는 여러 가지 동물도 있으나 악기들도 있었다. 그런데 일이 막바지에 이르렀을 때 상대편에서 의문을 제기해 왔다. 과연 이것이 피아노 소리가 맞는지, 바이올린 소리가 맞는지. 어느 누군가가 그러는데 이 소리가 아닌 것같다고 했다면서….

이러한 문제는 하나의 예를 든 것에 불과하지만 작업을 하면서나 완성이 되었을 때에도 항상 문제가 되곤 하는데 그 해답은 없다. 다만 사람마다 좋아하는 음식이 다르듯이 귀도 좋아하는 소리가 다른 것과 같이 각자의 취향 문제라고 할 수밖에 없다.

또한 음악인들이 악기를 선택할 때 가장 큰 기준이 되는 것이 기능의 차이도 있지만 보다 중요하게 여기는 것은 음색이며 어느 악기는 스트링이 좋고, 어느 악기는 브라스가 좋고 등등 자신만의 취향이 있어서 한번 길들여진 음색에 대한 취향은 남이 뭐라든 계속 고집하는 경향이 있다.

음색에 관한 취향은 입맛만큼이나 까다로우면서도 한번 길들여지면 벗어나기가 힘들다.

피아노 음색만 하더라도 세상에는 무수히 많은 종류의 피아노가 있으며 같은 제품의 피아노라 하더라도 온도, 습도, 연주자의 기교 등에 따라 서로 다른 색깔의 소리를 갖게 된다. 그러므로 자신의 취향만 고집하지 말고 때로는 그 굴레에서 벗어나 보자.

스네어 드럼 대신 총소리를 쓰면 어떤가! 모든 창작의 시작은 기존의 틀을 파괴하는 것에서 시작되어지는 법이다.

Channel Pressure / DcH

폴리포닉 키 프레셔와 채널 키 프레셔 메시지는 음이 시작된 후에 이어지는 메시지로 손가락이 건반을 누르는 압력치를 말한다.

이 메시지는 채널 키 프레셔 메시지를 알리는 스테이터스 바이트(DcH의 D)와 어느 채널에 적용될 것인가(DcH의 c)에 이어 후속으로 압력값의 정도를 나타내는 메시지(vvH)가 이어진다.

	Status	Second
B	1101cccc	0vvvvvvv
H	DcH	vvH

```
c  = midi Channel number : 0H - FH   (ch.1 - ch.16)
vv = Value                : 00H - 7FH (0 - 127)
```

이에 관련된 사항은 애프터 터치를 참조하기 바란다.

Pitch Bend Change / EcH

피치 벤드 값의 조절.

이 메시지는 피치 벤드 체인지 메시지를 알리는 스테이터스 바이트(EcH의 E)와 어느 채널에 적용될 것인가(EcH의 c)에 이어 후속으로 수행치의 정도를 나타내는 2개의 메시지(MSB, LSB)가 이어진다.

	Status	Second	Third
B	1110cccc	10000000	m0000000
H	EcH	llH	mmH

```
c      = midi Channel number : 0H - FH   (ch.1 - ch.16)
mm,ll  = Value               : 00H,00H - 40H,00H -7FH,7FH
                               (-8192 - 0 - +8191)
```

피치는 노트 넘버와 더불어 음정을 뜻한다. 그러나 일반적으로 음표에 의한 음정의 변화에 관련된 것에는 노트 넘버를, 하나의 음정의 길이 내에서 음정의 변화가 일어날 때에는 피치라는 용어를 사용한다.

피치 벤드는 음정의 변화를 얻고자 할 때에 사용하는 도구인 피치 휠(Pitch Wheel)을 뜻하기도 하며, 동시에 음정의 변화 그 자체를 뜻하는 말이기도 하다.

피치 벤드는 일반적인 미디 메시지들이 가지는 1바이트에 의한 128단계의 값만을 사용하는 것이 아니라 2개의 데이터 바이트로 값을 표현한다.

따라서 128×128=16,384단계의 값을 표현할 수 있으므로 -8,192~0~+8,191의 값을 가진다.

피치 벤드 메시지의 데이터 바이트를 이루는 2개의 데이터 바이트는 첫번째 데이터 바이트를 상위 데이터 바이트(MSB), 두 번째 데이터 바이트 D2를 하위 데이터 바이트(LSB)라 하는데 이것에 관한 개념은 제4장에서 다루도록 한다.

피치 벤드 메시지를 사용할 때 무엇보다도 중요한 것은 피치 벤드 영역(Pitch Bend Range)에 따라 그 효과의 정도가 다르게 나타난다는 것이다. 즉 같은 8,191의 값이 주어지더라도 영역이 2세미톤(Semitone)이면 한 음이, 12 세미톤이면 1옥타브의 차이가 나타나게 된다. 이 세미톤은 1개의 반음을 뜻한다.

따라서 피치 벤드 메시지를 사용하기 위해서는 각 채널들마다 설정된 피치 벤드의 영역을 확인·재설정하는 과정이 선행되어야 한다. 보통의 경우에는 2세미톤으로 설정되어 있으며, 영역의 조절은 각 악기들의 음색 에디트 모드에서 설정할 수 있고 미디 컨트롤러에 의해서도 설정이 가능하다.

미디 컨트롤러에 의한 방법은 제4장에서 다루도록 한다.

Mode Message

모드 메시지는 미디 메시지의 송·수신 상태를 결정하는 메시지들의 총칭이다.

특히 음악의 기본이랄 수 있는 노트 메시지들을 처리하는 방법을 사용자가 선택할 수 있는, 가장 기초적이지만 요즘에 와서는 거의 사용의 필요를 느끼지 못하는 메시지들이기도 하다. 그러나 상황에 따라서는 아주 효과적으로 사용될 수 있는 메시지이다.

이 모드 메시지들은 미디 컨트롤러에 의해서도 모든 것이 제어가 가능하므로 제4장에서 자세히 다루도록 한다.

System Message

시스템이란 말은 '체계, 조직, 방법' 등을 뜻하는 것으로 일반적으로 일정한 체계를 갖춘 형태나 형식을 말하는데, 미디 메시지에서의 시스템 메시지는 특정 채널에 관한 사항이 아니고 미디 기기 전체에 영향을 미치는 메시지이다.

이렇듯 시스템 메시지는 미디 기기 전반에 걸쳐서 영향을 미치기 때문에 스테이터스 바이트에 채널을 나타내는 비트는 없고 8비트 모두가 명령을 나타낸다.

그러나 익스클루시브와 같은 것들은 악기의 발달로 인해 특정의 채널에만 영향을 주는 경우도 있기 때문에 반드시라고 규정하기가 모호하기도 하다. 따라서 시스템 익스클루시브 메시지를 따로 분류하는 것도 현 시점에서는 잘못된 것이 아니라고 보기 때문에 익스클루시브 메시지는 따로 분류하여 설명하기로 한다.

시스템 메시지는 작업시 항상 교통되는 정보이지만 실제적인 음악적 데이터의 구성에는 관계가 없기 때문에 소홀히 하게 된다. 그러나 시스템 메시지가 없이는 미디 메시지의 운용이 불가능하기 때문에 이에 대한 이해를 바탕으로 하는 것이 좋을 것이다.

■ Common Message

커먼 메시지는 리얼 타임 메시지들에 비해 일반적으로 사용되어지는 메시지들은 아니지만 미디를 운용하는 데 있어서 보다 확장성을 보장해 주는 메시지들이라 할 수 있다.

그러나 커먼 메시지들은 데이터 바이트가 개별적으로 각 채널에 영향을 주는 것이 아니라 해당 미디 기기, 즉 시스템에 공통으로 영향을 미친다는 이름이 풍기는 이미지와는 달리 시퀀서나 소프트웨어의 기능이나 슬레이브측 기기들의 제원이 커먼 메시지를 수용할 수 있어야 한다.

커먼 메시지들은 리얼타임 메시지들과는 달리 스테이터스 바이트만 단독으로 쓰여지지 않고, 항상 데이터 바이트를 수반하게 된다.

System Exclusive / F0

시스템 익스클루시브의 시작을 알리는 메시지이다.
이에 대한 사항은 익스클루시브 메시지 편에서 설명하도록 한다.

Quarter Frame / F1

쿼터 프레임 메시지는 미디 기기들의 동기화(Synchronization)를 위해 사용되는 메시지이다.

이 메시지는 쿼터 프레임 메시지를 알리는 스테이터스 바이트(F1H)에 이어 후속으로 메시지 넘버를 나타내는 4비트와 시간 요소의 수치를 나타내는 4비트가 이어진다.

	Status	Second
B	11110001	0nndddd
H	**F1H**	**ndH**

F1 = Quarter Frame
n = Message Type
d = Message Data Value

동기는 서로 다른 미디 기기 상호간의 일치된 움직임을 말하는 것으로, 어떤 일정한 간격으로 이루어진 신호들에 의하여 서로간의 통일된 운영이 이루어지게 되는 것을 말하며 동기 메시지를 보내는 마스터에 슬레이브가 정확히 반응하는 형태로 이루어진다.

동기를 위한 신호들은 여러 가지가 있으나 근래에 들어 동기의 표준화가 되다시피한 프레임을 기본으로 하는 절대 시간 개념인 SMPTE(Society of Motion Picture and Television Engineers)에 대하여 알아보기로 한다.

프레임	xxxyyyyy xxx yyyyy	미정의 프레임(0~29)
초	xxyyyyyy xx yyyyyy	미정의 초(0~59)
분	xxyyyyyy xx yyyyyy	미정의 분(0~59)
시	xyyzzzzz x yy zzzzz	미정의 타임 코드 형식 00:24 Frame/sec. 01:25 Frame/sec. 10:30 Frame/sec. Drop 11:30 Frame/sec. Non-Drop 시(0~23)

동기를 위한 신호들은 미디 대응의 기기간에는 미디 클록만으로도 해결이 되지만 미디 메시지를 지원하지 않는 외부 기기와의 동기에 있어서는 그다지 좋은 것은 아니다.

따라서 FSK(Frequency Shift Keying)라고 하는 FM 변조 방식에 의하여 주파수의 폭이 넓으면 로(Low), 좁으면 하이(High)라 하여 이 로와 하이의 비율을 1대2의 비율로 발생시켜 변환·처리하는 방식이 있지만 그 비율이 1kHz 대 2kHz이건 1.2kHz 대 2.4kHz이건 1대2의 비율만 지켜 주면 되기 때문에 제조사들마다 비율과 변환 방법들이 달라 호환성에 문제가 있다.

그래서 등장한 것이 일반적으로 심티라고 불리우는 SMPTE이다.
SMPTE는 '시(Hour): 분(Minute): 초(Second): 프레임(Frame)'의 포맷을 가지고 최대 1초를 30(정확하게는 29.97)개의 프레임으로 나누어서 절대시간을 측정하여 동기시키는 방법이다.

먼저 쿼터 프레임의 데이터 바이트를 알아보기로 하자.
쿼터 프레임의 데이터 바이트도 다른 것들과 마찬가지로 0으로 시작된다. 그러나 0을 포함한 4개의 비트는 시: 분: 초: 프레임을 구별해 주는 메시지 타입이고 그 뒤의 4개의 비트가 메시지 타입에 따른 시간을 나타내는 수치가 된다.

그러나 1초를 30개의 프레임으로 나눈 절대시간 개념을 시스템 리얼 타임 메시지에 포함되어 있는 타이밍 클록을 위한 초당 24개의 미디 비트로 처리하기에는 미디의 전송 속도로는 문제가 많기 때문에, 1/4 프레임 간격으로 2바이트씩만 발생시키고 이들을 모아서 하나의 프레임으로 처리하도록 하였다. 그리고 이러한 이유 때문에 쿼터 프레임이라고 하는 이름을 갖게 되었다.

		0nnndddd	
0000	0	Frame LSB	프레임의 일 단위
0001	1	Frame MSB	프레임의 십 단위
0010	2	Second LSB	초의 일 단위
0011	3	Second MSB	초의 십 단위
0100	4	Minute LSB	분의 일 단위
0101	5	Minute MSB	분의 십 단위
0110	6	Hour LSB	시의 일 단위
0111	7	Hour MSB	시의 십 단위

그러나 보다 중요한 것은 쿼터 프레임을 이루는 데이터 바이트의 쓰임새이다.

하나의 데이터 바이트가 8개의 비트로 이루어져 있음은 잘 알고 있을 것이다. 그러나 쿼터 프레임에서는 각 메시지 타입들마다 데이터 바이트를 이루는 비트들의 수와 목적이 달라진다.

특히 y로 표기된 실질적인 시간 정보를 나타내는 비트들은 각 메시지 타입들이 최대로 표현할 수 있는 수치에 따라 비트의 수가 달라짐에 유의하기 바란다.

예를 들어 초의 단위는 최대 60이므로 60을 나타내기 위해서는 모든 비트들이 1로 되는 것을 가정해 보면 1+2+4+8+16+32=64 해서 6개의 비트를 사용하게 되는데, 5개의 비트로는 모자라기 때문에 60이 넘더라도 6개의 비트 내에서 60단계(0 - 59)의 표현이 가능하므로 6개의 비트를 사용하게 되는 것이다.

여기서의 yy에 의해 결정되는 타임 코드 형식은 초당 프레임 수를 결정하는 방법이다.

예를 들어 영상과의 동기에 있어서 영화에서는 초당 24개의 프레임(필름)으로 나누고, TV 등의 방송물에서는 세계 지역들마다 약간의 차이는 있지만 보통은 29.97 프레임으로 나눈다.

따라서 정확한 30 프레임이라는 수가 안 되기 때문에 시간이 지날수록 오차가 발생하게 된다. 그래서 이를 해결하는 방법으로 나머지를 떨어 버리는 방법(Drop)과 반올림(Non-Drop)하는 방법이 쓰인다.

그러므로 결과적으로는 시:분:초:프레임을 이루는 8개의 쿼터 프레임의 MSB와 LSB로 인해서 하나의 완성된 시간 정보가 전달되는 데 걸리는 시간은 1/4프레임×8개 메시지 = 2프레임이므로, 2프레임마다 타임 코드가 재설정되고 따라서 최종적으로 전달받은 순간의 미디 타임 코드에 2프레임을 더한 것이 실제 시간이 된다.

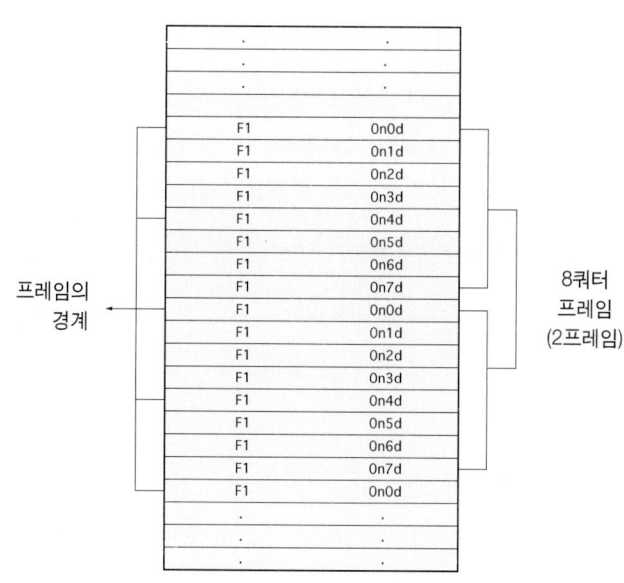

〈보기 3-17〉 쿼터 프레임 메시지의 처리

그럼 다음의 시간 01:23:45:16(30 프레임 논-드롭)을 예제로 삼아 쿼터 프레임 메시지의 데이터 바이트에 대하여 좀더 알아보기로 하자.

16프레임

    16은 16진수로 10H 이므로

        LSB = F1H 00H

        MSB = F1H 11H

45초

    45는 16진수로 2dH 이므로

        LSB = F1H 2dH

        MSB = F1H 32H

23분

    23은 16진수로 17H 이므로

        LSB = F1H 47H

        MSB = F1H 51H

1시간

    1은 16진수로 01H 이므로

        LSB = F1H 60H

        MSB = F1H 71H

여기에서 시간을 나타내는 비트인 71H를 2진수로 풀어 보면 11100001이 되므로 타임 코드의 형식을 나타내는 yy의 합은 3이 되어 30 프레임 논-드롭임을 알 수가 있게 되는 것이다.

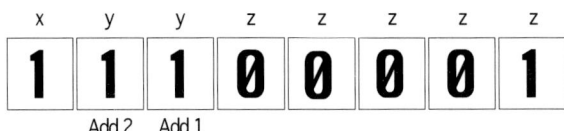

Song Position Pointer / F2

곡의 임의의 시작 위치를 가리키는 메시지.

이 메시지는 송 포지션 포인터 메시지를 알리는 스테이터스 바이트(F2H)에 이어 후속으로 입력값의 정도를 나타내는 2개의 메시지(MSB, LSB)가 이어진다.

	Status	Second
B	11110011	0sssssss
H	**F3H**	**ssH**

F3 = Song Select
ss = Song Number : 00H - 7FH (0 - 127)

송 포지션 포인터는 시퀀서나 소프트웨어, 드럼 머신 등 자체적으로 연주할 수 있는 기능을 가진 미디 기기들의 연주 시작 위치를 임의로 설정할 수 있게 하는 메시지이다.

이 메시지는 2개의 데이터 바이트가 사용되므로 0~16,383의 범위이지만, 이것을 운용하기 위해서는 특별히 미디 비트(MIDI Beat)라는 개념을 도입한다.

미디 비트는 미디 규약에 의해 '1 MIDI Beat = 6 MIDI Clock'의 값을 가지는데, 4분음표 하나에는 4개의 미디 비트가 존재한다. 따라서 하나의 미디 비트는 16분음표와 같은 시간(상대적 시간)적 개념을 갖는다고 보면 된다.

그러므로 임의의 위치에서 곡을 시작할 경우 그 위치를 알기 위해서는 임의의 위치 이전의 노트들을 모두 합하여 4분음표로 나눈 후, 나온 4분음표의 갯수에 4를 곱하면 미디 비트의 수가 나오고 그 미디 비트의 수에 6을 곱하면 경과한 미디 클록의 수가 된다.

이것을 공식으로 만들어 보면,

노트(연주된 4분음표의 수)×4(미디 비트)×6(미디 클록)=위치가 된다.

예를 들어 4/4박자의 곡으로 9번째 마디의 2번째 박에서 곡을 시작할 경우,

9번째 마디까지 사용된 4분음표의 수는 9×4=36이 나오고,

여기에다 2번째 박에서 시작할 것이므로 1번째 1박을 더하면 임의의 위치 이전에 사용된 노트의 수는 37박이 된다.

여기에다 4분음표가 가지는 4개의 미디 비트를 곱하면 37×4=148 미디 비트(888 미디 클록)를 송신하게 된다.

만약에 4분음표 단위로 시작하는 것이 아니라면 사용된 노트의 수에서 나머지를 16분음표 단위까지만 계산하면 된다. 왜냐하면 기준이 되는 미디 클록은 6이고 이 6미디 클록은 16분음표 하나에 해당되기 때문에 수신측에서는 결과적으로 16분음표 단위 이외의 나머지는 버리고 몫만 차용하여 연주되기 때문이다.

더불어 미디 비트는 2바이트를 사용하여 16,384개의 미디 비트를 표현할 수 있으므로 4/4박자 곡의 경우 1,024마디(표시상으로는 999마디)까지 표현할 수 있는 것이 한계이다.

그러나 이러한 취약점을 극복하기 위해서 프로용임을 강조하는 시퀀서나 소프트웨어들은 별도의 데이터 바이트 영역을 확대하여 최대 99,999마디 정도까지 사용할 수 있게 하거나, 패턴(Pattern)이나 청크(Chunk)개념을 도입하여 긴 곡들은 999마디 이내에서 여러 부분으로 분리하여 링크(Link)시키는 방법을 사용할 수 있게 하는 등 여러 가지 방법을 사용한다.

Song Select / F3

연주할 곡의 선택.

이 메시지는 송 실렉트 메시지를 알리는 스테이터스 바이트(F3H)와 원하는 곡의 번호(ssH)를 나타내는 1개의 데이터 바이트만을 사용한다.

	Status	Second
B	11110011	0sssssss
H	**F3H**	**ssH**

F3 = Song Select
ss = Song Number : 00H - 7FH (0 - 127)

송(Song)이라는 것은 곡을 말하며 하나의 곡을 구성하기 위해서는 패턴(Pattern-노테이토/아타리)이나 청크(Chunk-퍼포머/맥) 등으로 불리우는 여러 부분으로 구성한다.

그러나 곡이나 패턴의 구분을 길이나 음악적 형식으로 나누기에는 다소 무리가 있다고 할 수 있다. 왜냐하면 원칙적으로 음악이라는 산물이 어떤 형식적, 형태적 양식보다는 이미지의 전달에 그 목적이 있기 때문이다. 따라서 하나의 패턴이나 청크도 충분히 하나의 음악으로 존재할 수 있기 때문에 여기서 말하는 곡은 그저 하나의 음악적 존재로 생각하길 바란다.

송 실렉트는 일반적으로 하나의 곡을 만들기 위해서는 거의 사용하지 않는다. 하지만 과거에는 메모리의 한계 때문에 많은 노트를 사용해야 하는 드럼은 외부의 드럼 전용의 악기를 이용하여 고고(Go Go)는 패턴 1번, 차차차(Cha Cha Cha)는 패턴 2번, 필 인(Fill in)은 3번 등으로 해 놓고 원하는 위치에서 해당 번호를 선택하는 것으로 연주를 하는 방식을 많이 사용하였다.

따라서 이렇게 곡의 부분을 구성하는 것들을 연주하기 위해서는 마스터가 되는 시퀀서나 소프트웨어에서 원하는 시간·위치에서 연주의 시작을 알리는 메시지가 필요한데 이것이 바로 송 실렉트 메시지이다.

송 실렉트 메시지를 사용하기 위해서는 먼저 원하는 곡에 사용자가 임의로 번호를 부여하여야 한다. 그리고 몇 마디째에는 몇 번, 몇몇 마디째에는 몇몇 번 하는 식으로 원하는 곡의 번호를 선택하면 된다.

그러나 요즘에는 각 악기별로 연주 패턴만을 모아 놓은 CD 타이틀이나 샘플 CD, 드럼 패턴만을 만드는 소프트웨어 등이 등장할 정도로 발달되어 있기 때문에, 곡을 부분부분 따로 만들기 보다는 원하는 위치에 데이터 자체를 그대로 붙여서(Paste), 사용자가 편집 기능을 통하여 자신의 목적에 맞게 수정·보완하기 때문에 거의 사용되지 않는 방법(메시지)이다.

■ 라이브와 송 실렉트

송 실렉트 메시지는 라이브에 이용하면 좋은 성과를 얻을 수 있다.

사실 무대 공연시 컴퓨터를 이용하면 여러 가지 좋은 점이 많음은 누구나 알 것이다. 그러나 문제는 컴퓨터를 보이지 않게 하고 싶은 사람들이 있기에 그에 대한 해결책으로 송 실렉트 메시지를 사용하면 된다.

물론 이러한 이유가 아니더라도 컴퓨터를 전문으로 다루는 오퍼레이터를 따로 두지 않는 한은 보통 연주자 중 하나가 컴퓨터를 다루게 되는데, 이를 위해서라도 송 실렉트 메시지를 사용하면 연주에 방해받지 않고 공연의 전체적인 흐름을 자연스럽게 주도해 갈 수 있다.

앞에서 밝힌 바와 같이 전문가용임을 표방하는 소프트웨어들은 하나의 파일 안에 청크나 패턴 등의 개념으로 여러 곡을 모아 놓을 수가 있는데 이들에 각각 송 넘버를 지정해 놓고 건반을 누름으로써 발생하는 특정의 노트 메시지를 송 넘버로 대신하든지, 아니면 다음의 송으로 넘어가게 하면 라이브의 가장 큰 장점인 분위기에 따른 진행을 자연스럽게 할 수 있다.

이는 송 실렉트를 마치 프로그램 체인지(음색 설정)와 같은 것으로 사용하는 것이다. 다만 프로그램 체인지는 하나의 채널에만 영향을 주지만 송 실렉트는 외부의 시스템을 제어할 수도 있다는 의미에서 시스템 메시지로 분류할 뿐이다.

Tune Request / F6

아날로그 방식의 악기를 조율.

이 메시지는 데이터 바이트가 없이 그냥 스테이터스 바이트 상태로만 존재한다.

	Status
B	11110110
H	**F6H**

F6 = Tune Request

세상에 존재하는 모든 것들을 악기로 이용할 수 있지만, 타악기 이외의 음정을 지닌 악기로 활용하기 위해서는 조율이라는 과정을 통하여 기준의 음정을 일정한 주파수로 되게 해야 한다.

일반적으로 온도와 습도 등 주위 환경에 크게 영향을 받는 어쿠스틱 악기들은 조율기(Tuner, Tuning Meter)를 통하여 연주 전에 항상 조율을 한다.

물론 미디에서 가장 많이 활용되는 디지털 악기류도 국제적인 협약에 따른 표준 주파수로 조율되어 있다.

따라서 아날로그 방식의 악기들도 주위 환경에 따라 음높이(주파수)가 변하기 때문에 연주 전에 조율을 해야 하는데 이때 사용되는 메시지가 바로 튠 리퀘스트이다.

이 메시지를 보내면 수신측의 악기들은 각 제조사가 생산시에 설정한 표준고도로 자체 조율을 하게 되는데, 그 표준 주파수는 대부분의 경우 A음이 440Hz를 기준으로 한다.

- **표준고도(Standard Pitch)**

표준고도(Standard Pitch)는 음악에서 사용되는 음높이를 통일시키기 위하여 정한 세계 공통의 진동수(Hz: 1초 동안의 진동수)를 말한다.

이 표준고도는 국제고도(International Pitch)가 1859년 파리 회의와 1885년 비엔나 회의에서 결정된 것으로 A음을 435Hz로 하였다.

그러나 435Hz에서 440Hz로 하면 음색이 더 밝아지고, 음악에 긴장감이 더해지기 때문에 요즘에는 1934년 독일의 슈투트가르트 회의에서 결정되고, 1939년 런던 국제회의에서 표준고도로 채택된 연주회고도(Concert Pitch)가 사용되고 있다.

EOX(End Of Exclusive) / F7

익스클루시브 메시지의 송신이 다 끝났음을 알려 주는 메시지.
이에 대한 사항은 익스클루시브 메시지 편에서 설명하도록 한다.

- **Real Time Message**

리얼 타임 메시지는 메시지의 발생과 처리가 모든 미디 메시지에 선행하여 처리되어야 할 실시간 정보를 담고 있다.

리얼 타임 메시지들은 음악적인 완성도와는 전혀 상관이 없으나 미디 메시지들의 연주에 항상 실시간 관계가 있는 메시지이다.

Timing Clock / F8H

미디 클록(MIDI Clock)의 발생.

이 메시지도 다른 리얼 타임 메시지들과 같이 데이터 바이트가 없이 그냥 스테이터스 바이트 상태로만 존재한다.

	Status
B	11111000
H	**F8H**

F8 = Timing clock

타이밍 클록은 미디 연주의 시간적 기준이 되는 미디 클록을 발생시켜 일정한 미디 메시지의 흐름을 통해 연주의 정상화를 돕는 메시지이다.

미디 클록은 기본적으로 1초에 4분음표 1개당 24개의 신호(Tick)를 보낸다. 즉 4분음표를 24등분하여 연주 속도를 측정/제어할 수 있다는 것이다.

예를 들어 ♩=120의 빠르기로 연주할 경우, 1분에 4분음표 120개 만큼의 음길이가 사용되고, 1초에 2개의 4분음표 길이만큼 연주되므로, 1초에 48개의 신호를 전송시켜 곡의 빠르기를 유지하게 한다. 따라서 빠르기가 2배로 빨라진다면 1초에 96개의 신호를 보내고, 3배로 빨라진다면 144개의 신호를 발생시킨다.

그러나 미디는 시리얼 방식으로 통신하기 때문에 전송 속도에도 한계가 있어서 미디에서 지원하는 빠르기도 한계가 있게 된다. 그래서 보통 ♩ = 20 ~ ♩ = 400, 제품에 따라 최대 ♩ = 5 ~ ♩ = 500의 범위를 지원한다.

Start / FAH

곡의 처음부터 연주가 시작됨을 알린다.

이 메시지도 다른 리얼 타임 메시지들과 같이 데이터 바이트가 없이 그냥 스테이터스 바이트 상태로만 존재한다.

	Status
B	1111101
H	**FAH**

FA = Start

스타트 메시지는 미디 파일을 연 후에 연주 시작을 실행시켰을 때에 발생하는 메시지이다.

이 메시지는 곡 중간의 임의의 지점에서 멈추었다가 시작되는 컨티뉴 메시지와는 근본적으로 다르다. 하지만 연주를 실행시킨다는 것에서는 둘 다 같기 때문에 이 둘의 개념을 따로 설명한다는 것은 무의미하다고 본다.

Continue / FBH

곡의 임의의 멈추어진 부분에서 시작한다.

이 메시지도 다른 리얼 타임 메시지들과 같이 데이터 바이트가 없이 그냥 스테이터스 바이트 상태로만 존재한다.

	Status
B	11111010
H	**FBH**

FA = Continue

컨티뉴 메시지는 송 포지션 포인트 메시지와 관계가 있다. 즉 컨티뉴 메시지를 발생시키면 이 메시지 이전의 타이밍 클록을 계산해서 연주를 실행시켜야 하기 때문에 송 포지션 포인트와 어느 정도의 간격을 두어야 한다. 왜냐하면 송 포지션 포인트 메시지를 받고 나서 곡의 위치를 계산하기 때문에 컨티뉴 메시지를 실행시킨다 하더라도 프로그래밍의 로직에 따라 계산할 수 있는 속도가 달라지기 때문이다.

Stop / FCH

연주를 멈춘다.

이 메시지도 다른 리얼 타임 메시지들과 같이 데이터 바이트가 없이 그냥 스테이터스 바이트 상태로만 존재한다.

	Status
B	11111100
H	**FCH**

FC = Stop

말 그대로 시퀀서의 정지 버튼을 작동시켜 연주를 멈출 때 발생하는 메시지이다.

여기서 멈춘다는 의미는 완전한 정지만을 뜻하는 것이 아니라 언제든지 다시 활동할 수 있다는 일시 정지(Pause)를 대신하는 경우가 많고 이 기능은 상당히 중요하다.

하나의 예로 초기의 소프트웨어들은 처음과 중간을 구분짓지 못하여 임의의 위치에서의 시작이나 리얼 타임 레코딩이 불가능하였다.

따라서 중간에서의 레코딩을 위해서는 곡의 처음부터 새로 시작하여만 하는 참을 수 없는 기능의 불편함이 있었다.

이것은 먼 옛날 이야기 같지만 불과 얼마 전까지만 해도 미디 붐에 편승해서 이러한 소프트웨어들이 등장했었고, 한때는 사용자들의 무지함과 마케팅 전략으로 활개를 치기도 했었다. 그러나 보다 새롭고 향상된 것들이 나옴에 따라 지금은 거의 도태되고, 과거의 향수를 잊지 못하는 이들에게서나 보존(?)되고 있는 형편이다.

Active Sensing / FEH

액티브 센싱이란 말 그대로 살아 있음을 감지하는 메시지이다.

이 메시지도 다른 리얼 타임 메시지들과 같이 데이터 바이트가 없이 그냥 스테이터스 바이트 상태로만 존재한다.

	Status
B	11111110
H	**FEH**

FE = Active Sensing

미디를 통한 연주는 항상 마스터와 슬레이브 상호간에 미디 메시지의 흐름을 통하여 이루어진다. 그러나 미디 메시지는 일정한 패턴으로 송·수신 되는 것이 아니라 잠시 미디 메시지가 전송되지 않는 경우가 많다.

그렇다고 해서 슬레이브가 이제는 마스터가 보낼 메시지가 없구나 하고 시스템 리셋 메시지를 발생시키고 휴식에 들어가면 안 되기 때문에 마스터와 슬레이브는 연주와 직접 상관 없는 회선 검사의 역할을 하는 메시지인 액티브 센싱 메시지를 항상 보내고 받는다.

즉 300ms마다 한 번씩 액티브 센싱 메시지를 보냄으로써 서로 간에 아직 교통되어야 할 정보가 있음을 알리는데, 만약 420ms 이상 이 메시지가 전송되지 않으면 슬레이브 측에서는 보내는 마스터 측에서 이상이 생겼다고 판단하고, 슬레이브는 올 사운드 오프, 올 노트 오프와 더불어 리셋 올 컨트롤러 메시지를 발생시켜서 모든 연주를 중단한다.

예를 들어 컴퓨터(시퀀서)에 2대 이상의 악기를 연결하여 각각 하나의 음색을 연주할 때에 2대의 악기가 곡의 처음에서 끝까지 계속적으로 연주를 한다면 문제가 없으나, 곡의 중간에 1대가 일정시간 동안 쉬게 될 경우 액티브 센싱 메시지가 없으면 그 악기는 모든 채널의 연주를 중단하고 수면(?) 상태에 들어가게 된다. 그러므로 현재 연주되지 않는 악기에게는 액티브 센싱 메시지를 보냄으로써 아직도 연주가 계속되고 있음을 알리게 된다.

또한 길게 이어지는 음을 연주하는 경우에도 단순히 노트 정보만 들어오고 다음에 어떤 연주에 관련된 신호들이 오지 않으면 음의 길이를 인식하지 못하고 계속 보내게 되는데 이를 방지하기 위해서도 액티브 센싱 메시지가 쓰인다.

System Reset / FFH

모든 시스템 메시지의 초기화.

이 메시지도 다른 리얼 타임 메시지들과 같이 데이터 바이트가 없이 그냥 스테이터스 바이트 상태로만 존재한다.

	Status
B	11111111
H	**FFH**

FF = System Reset

리얼 타임 메시지들은 데이터 영역이 없기 때문에 어떤 음악적 동작 상태를 유지하거나 발전시키지 않는다. 다만 명령이 내려지기만을 대기하고 있다가 한 번의 동작으로 그 임무를 다할 뿐이다. 즉 이것들은 동작이 이루어졌다고 해서 데이터로서 남아 있는 것은 아니라는 것이다.

따라서 시스템 리셋 메시지는 미디 기기에 전원을 넣었을 때와 같다고 할 수 있다.

사실 시스템 리셋 메시지는 사용자들이 필요에 따라 발생시키지 않더라도 전원을 최초로 넣었을 때라든지, 전원이 켜 있는 상태에서도 시퀀서의 동작을 일정 시간 동안 멈추고 있으면 액티브 센싱 메시지로 인하여 자연적으로 이루어진다.

Ⅴ MIDI Implementation Chart

신시사이저나 사운드 모듈뿐 아니라 미디를 지원하는 모든 디지털 기기들은 메뉴얼의 후반부에 미디 임플리멘테이션(실행) 차트라는 것이 있는데 이것은 그 기기가 가지고 있는 여러 가지 기능, 즉 미디 메시지의 모든 것을 서술해 놓은 표이다.

미디 임플리멘테이션 차트에는 모든 미디 기기가 미디 메시지 전부를 다 보내고 인식하는 것이 아니기 때문에, 자신이 인식(송·수신)할 수 있는 미디 메시지가 무엇인지를 열거해 놓아 사용자들은 이를 참조하여 운용해야 한다.

미디 임플리멘테이션 차트는 보통 2가지 방식으로 기술해 놓는데, 하나는 어떠한 기능들이 '된다/안된다' 라는 식으로 간단하지만 일목요연하게 정리해 놓는 것이고, 다른 하나는 익스클루시브를 다루기 위하여 16진수에 의한 모든 메시지의 형태를 전부 기술해 놓는 것이다.

따라서 미디 컨트롤러나 익스클루시브 등의 사용시에는 반드시 이를 바탕으로 하여야 정확하게 해당 악기들을 조절할 수가 있다. 또한 악기의 구입시에도 먼저 미디 임플리멘테이션 차트를 참조하는 것이 좋다.

그러나 미디 임플리멘테이션 차트를 이해할 수 있으려면 미디 메시지의 전반적인 사항을 제대로 파악할 줄 알아야 한다. 그렇기 때문에 미디 입문자의 입장에서는 마치 암호를 해독하는 기분이 들겠지만 어쨌든 이것을 한눈에 파악할 줄 알면 미디 메시지에 대하여 기본적인 이해를 했다고 볼 수 있다.

다음은 롤랜드사의 SC-88의 미디 임플리멘테이션 차트이다.

모든 임플리멘테이션 차트는 비슷한 양식으로 표기되어 있기 때문에 이것을 참조로 하여 자신이 사용하는 악기의 사항을 파악하기 바란다.

Function		Transmitted	Recognized	Remarks
Basic Channel	Default	1 - 16	1 - 16	
	Changed	1 - 16	1 - 16 each	Memorized
Mode	Default	x	Mode 3	
	Message	x	Mode 3, 4, M=1	*2
	Altered	*********		
Note Number		x	0 - 127	
	True Voice	*********	0 - 127	
Velocity	Note ON	x	O	
	Note OFF	x	x	
After Touch	Key's	x	O * 1	
	Ch's	x	O * 1	
Pitch Bend		x	O * 1	
Control Change	0, 32	x	O * 1	Bank Select
	1	x	O * 1	Modulation
	5	x	O * 1	Portamento Time
	6, 38	x	O * 1	Data Entry
	7	x	O * 1	Volume
	10	x	O * 1	Panpot
	11	x	O * 1	Expression
	64	x	O * 1	Hold 1
	65	x	O * 1	Portamento
	66	x	O * 1	Sostenuto
	67	x	O * 1	Soft
	84	x	O * 1	Portamento Control
	91	x	O * 1	Effect 1 (Reverb)
	93	x	O * 1	Effect 3 (Chorus)
	94	x	O * 1	Effect 4 (Delay)
	98, 99	x	O * 1	NRPN LSB, MSB
	100, 101	x	O * 1	RPN LSB, MSB
Program Change		x	O * 1	
	True #	*********	0 - 127	Prog. Number 1 - 128
System Exclusive		O	O	
System Common	Song Pos	x	x	
	Song Sel	x	x	
	Tune	x	x	
System Real Time	Clock	x	x	
	Commands	x	x	
Aux Message	All Sound OFF	x	O (120,126,127)	
	Reset All Ctr	x	O	
	Local ON/OFF	x	x	
	All Note OFF	x	O (123 - 125)	
	Active Sense	O	O	
	Reset	x	x	
Notes		* 1	O x is selectable	
		* 2	Recognize as M = 1 even if M ≠ 1	

〈보기 3-18〉 SC--88의 미디 임플리멘테이션 차트

Function

    SC-88에 적용되는 미디 메시지의 종류를 표기한 항목들.

Transmitted

    SC-88이 보낼 수 있는 미디 메시지에 관하여 표기한 항목들.

Recognized

    SC-88이 받을 수 있는 미디 메시지에 대하여 표기한 항목들.

Remarks

    각 미디 메시지에 대하여 간단히 언급한 항목들.

Basic Channel

    SC-88이 미디 메시지를 보내고 받을 수 있는 채널에 관련된 사항을 표기.

- Default   기본적으로 지원되는 채널을 표기.

        T/R 모두 16채널을 지원함.

- Changed   지원하는 채널 중 사용자가 이용할 수 있는 채널을 표기.

        T → 16채널 모두를 보낼 수 있음.

        R → 16채널 모두를 받을 수 있음.

Mode

    SC-88이 지원하는 채널 모드 메시지에 관련된 사항을 표기.

- Default   기본적으로 지원되는 모드를 표기.

        T → 보낼 수 없음.

        R → 모드 3으로 설정되어 있음.

- Message   지원하는 모드 중 사용자가 이용할 수 있는 모드 메시지를 표기.

        T → 보낼 수 없음.

        R → 모드 3이나 4로 받을 수 있음.

- Altered   구현할 수 없는 모드 메시지에 관련된 사항을 표기.

T → 관련 사항 없음.

R → 관련 사항 없음.

Note Number

SC-88이 표현할 수 있는 음역대에 관련된 사항을 표기.

T → 보낼 수 없음.

R → 0 - 127 (C-1 - G9)

- True Voice   연주될 수 있는 실제 음역에 관련된 사항을 표기.

T → 받을 수 없음.

R → 0 - 127 (C-1 - G9)

Velocity

SC-88이 지원하는 벨로서티에 관련된 사항을 표기.

- Note ON   노트 온 메시지일 때 발생하는 온 벨로서티에 관련된 사항을 표기.

T → 보낼 수 없음.

R → 받을 수 있음.

- Note OFF   노트 오프 메시지일 때 발생하는 오프 벨로서티에 관련된 사항을 표기.

T → 보낼 수 없음

R → 받을 수 없음.

After Touch

SC-88이 지원하는 애프터 터치 메시지에 관련된 사항을 표기.

- Key's   폴리 키 압력(Poly Key Pressure)에 관련된 사항을 표기.

T → 보낼 수 없음.

R → 받을 수 있음, 받을 수 있음/없음을 선택할 수 있음.

- Ch's   채널 압력(Channel Pressure)에 관련된 사항을 표기.

T → 보낼 수 없음.

R → 받을 수 있음, 받을 수 있음/없음을 선택할 수 있음.

Pitch Bend

SC-88이 지원하는 피치 벤드 메시지에 관련된 사항을 표기.

T → 보낼 수 없음.

R → 받을 수 있음, 받을 수 있음/없음을 선택할 수 있음.

Control Change

SC-88이 지원하는 미디 컨트롤러에 관련된 사항을 표기.

T → 각 컨트롤러 공히 보낼 수 없음.

R → 각 컨트롤러 공히 받을 수 있음, 받을 수 있음/없음을 선택할 수 있음.

단 98, 99는 받을 수 없음, 받을 수 있음/없음을 선택할 수 있음.

Program Change

SC-88이 지원하는 음색 변경에 관련된 사항을 표기.

T → 각 컨트롤러 공히 보낼 수 없음.

R → 받을 수 있음, 받을 수 있음/없음을 선택할 수 있음.

- True #   실제적으로 수용할 수 있는 음색 번호에 관련된 사항을 표기.

T → 보낼 수 없음.

R → 0번부터 127번까지 사용가능. 실제 번호는 1번부터 128번에 대응.

System Exclusive

　　SC-88이 지원하는 익스클루시브 메시지에 관련된 사항을 표기.

　　　　　　T → 보낼 수 있음.

　　　　　　R → 받을 수 있음.

System Common

　　SC-88이 지원하는 커먼 메시지에 관련된 사항을 표기.

　　· Song Pos　송 포지션 포인트에 관련된 사항을 표기.

　　　　　　T → 보낼 수 없음.

　　　　　　R → 받을 수 없음.

　　· Song Sel　송 실렉트에 관련된 사항을 표기.

　　　　　　T → 보낼 수 없음.

　　　　　　R → 받을 수 없음.

　　· Tune　　튠 리퀘스트에 관련된 사항을 표기.

　　　　　　T → 보낼 수 없음.

　　　　　　R → 받을 수 없음.

System Real Time

　　SC-88이 지원하는 리얼 타임 메시지에 관련된 사항을 표기.

　　· Clock　　타이밍 클록에 관련된 사항을 표기.

　　　　　　T → 보낼 수 없음.

　　　　　　R → 받을 수 없음.

　　· Commands　기본적인 운용 명령인 시작(Start), 계속(Continue), 멈춤(Stop)에 관련된 사항을 표기.

　　　　　　T → 보낼 수 없음.

　　　　　　R → 받을 수 없음.

Aux Message

　　SC-88이 지원하는 보조적인(Auxiliary) 메시지에 관련된 사항으로 주로 채널 모드 메시지에 관련된 사항을 표기.

- All Sound OFF　　올 사운드 오프에 관련된 사항을 표기.

　　　　T → 보낼 수 없음.

　　　　R → 받을 수 있음(미디 컨트롤러 120, 126, 127번으로 대응).

- Reset All Ctr　　리셋 올 컨트롤러에 관련된 사항을 표기.

　　　　T → 보낼 수 없음.

　　　　R → 받을 수 있음.

- Local ON/OFF　　로컬 컨트롤 온/오프에 관련된 사항을 표기.

　　　　T → 보낼 수 없음.

　　　　R → 받을 수 없음.

- All Note OFF　　올 노트 오프에 관련된 사항을 표기.

　　　　T → 보낼 수 없음.

　　　　R → 받을 수 있음. (미디 컨트롤러 123~ 125번으로 대응)

- Active Sense　　액티브 센싱 메시지에 관련된 사항을 표기.

　　　　T → 보낼 수 있음.

　　　　R → 받을 수 있음.

- Reset　　시스템 리셋에 관련된 사항을 표기.

　　　　T → 보낼 수 없음.

　　　　R → 받을 수 없음.

Notes

　　위의 미디 임플리멘테이션 차트의 표기 사항과 관련된 메모.

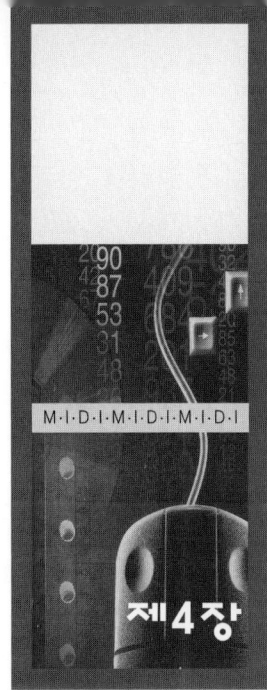

미디 컨트롤러

I 미디 컨트롤러의 분류
II 각 미디 컨트롤러의 기능
III 기본적인 컨트롤러의 설정

컨트롤러는 시퀀서나 컴퓨터는 물론이고 키보드, 전자 드럼, 미디 기타, 서스테인 페달, 마우스 등 데이터를 입력하거나 조절할 수 있는 모든 기기들의 총칭이다.

그러나 여기서 설명하고자 하는 컨트롤러는 미디 컨트롤러를 뜻하는 것으로, 미디 메시지 자체적으로 해결할 수 있는 여러 가지 소리에 대하여 변화를 줄 수 있는 기능을 가지고 있다.

앞에서도 밝힌 바와 같이 음악은 소리로 완성되는 것이다. 그리고 소리라는 것은 악보상의 음표만으로는 절대 표현할 수가 없으며, 소리로의 완성을 위해서는 인간의 감정에 색깔을 입힐 수 있는 소리를 살리기 위한 사운드 이펙터, 특정 악기(어쿠스틱)만의 연주법을 위한 기능 등 이를 조절(Control)할 수 있는 여러 가지 기능이 필요할 것이다.

바로 이를 대신하는 것이 컨트롤 체인지 메시지에 속한 미디 컨트롤러들이다.

일반적으로 라디오를 들을 때에는 수신되는 주파수를 맞춘다든지, 볼륨이나 이퀄라이저 등을 통한 음색의 보정을 먼저 하게 될 것이다. 이와 마찬가지로 곡의 첫머리에 기본적인 세팅은 물론 곡의 중간에도 필요에 따라서 필요한 컨트롤러를 설정해 줌으로써 하나의 곡이 완성되어지는 것이다.

미디 컨트롤러의 규격은 확실하게 통일되지 않았다. 다시 말해서 모든 컨트롤러가 모든 악기에 똑같이 적용되는 것은 아니며, 또한 적용된다 하더라도 그 기능에 대한 반응의 정도는 다르다는 점이다.

이것은 무척 중요하다.

원칙적으로는 제조업체가 자유로이 컨트롤러 번호를 정할 수 있다. 어떤 악기들은 사용자가 임의로 컨트롤러 번호를 바꿀 수 있게 되어 있는 것도 있다.

그러나 각 제조업체가 먼저 나온 것에 그 번호를 부여함으로써 어느 정도는 통일이 되었다고 하지만 제조회사들은 자신들 특유의 방식에 의하여 악기의 구조를 설계함으로써 각 기종에 따라 컨트롤러 번호나 컨트롤러 값에 대한 반응 등은 차이가 있다.

컨트롤러는 여러 가지 미디 메시지들 중에 꽃이라 할 수 있다.

물론 컨트롤러에 의한 것들 보다 더 막강한 열매에 비유될 수 있는 익스클루시브 메시지가 있긴 하지만 이는 나중에 다루기로 하고, 일단은 각 컨트롤러들의 기능과 기본적인 개념을 확실히 파악하여 진짜 소리로서의 가치를 충분히 표현할 수 있어야 하겠다.

미디 컨트롤러의 분류

컨트롤 넘버는 0부터 127까지의 값을 가지며 컨트롤러에 따라 번호가 지정되어 있다.

미디 규약에 정의된 컨트롤러는 기능상의 차이에 따라 연속형 컨트롤러(Continuous Controller), 스위치형 컨트롤러(Switch Controller), 특수형 컨트롤러(Data Controller), 모드 컨트롤러(Mode Controller)로 구분할 수 있다.

덧붙여 미디 컨트롤러의 종류를 설명하는 데 있어서 빠진 번호들은 아직까지 범용으로 사용하지 않은 미정의(Undefined) 상태임을 밝혀 둔다.

요즘 출하되고 있는 악기들은 이렇게 미정의 되어 있는 컨트롤러들에 그 악기 특유의 기능을 조절할 수 있게 하는 경우도 있기 때문에 이를 참고로 자신의 상황에 맞추어 종류표를 재작성하여 사용하기 바란다(〈보기 4-1〉 참조).

Continuous Controller

연속형 컨트롤러는 효과값을 시간의 흐름에 따라 연속적으로 표현할 수 있는 컨트롤러들의 총칭이다.

예를 들어 오디오 기기의 볼륨 단자를 사용자가 임의로 돌려보면서 원하는 크기를 얻는 과정과 같아서 0에서 10까지 음량을 올려갈 때에 그 안에 포함된

No.	연속형	LSB	No.	스위치형	No.	특수형	No.	모드 관련
0	Bank Select	32	64	Sustain	96	Data Increment	120	All Sound Off
1	Modulation	33	65	Portamento	97	Data Decrement	121	Reset All Controllers
2	Breath Control	34	66	Sostenuto	98	NRPC LSB	122	Local Control
3	미정의	35	67	Soft	99	NRPC MSB	123	All Note Off
4	Foot Control	36	68	Legato	100	RPC LSB	124	Omni Off
5	Portamento Time	37	69	Mute	101	RPC MSB	125	Omni On
6	Data Entry	38	70	미정의	102	미정의	126	Mono On
7	Volume	39	71	〃	103	〃	127	Poly On
8	Balance	40	72	〃	104	〃		
9	미정의	41	73	〃	105	〃		
10	Panpot	42	74	〃	106	〃		
11	Expression	43	75	〃	107	〃		
12	미정의	44	76	〃	108	〃		
13	〃	45	77	〃	109	〃		
14	〃	46	78	〃	110	〃		
15	〃	47	79	〃	111	〃		
16	〃	48	80	〃	112	〃		
17	〃	49	81	〃	113	〃		
18	〃	50	82	〃	114	〃		
19	〃	51	83	〃	115	〃		
20	〃	52	84	〃	116	〃		
21	〃	53	85	〃	117	〃		
22	〃	54	86	〃	118	〃		
23	〃	55	87	〃	119	〃		
24	〃	56	88	〃				
25	〃	57	89	〃				
26	〃	58	90	〃				
27	〃	59	91	Reverb				
28	〃	60	92	Tremolo				
29	〃	61	93	Chorus				
30	〃	62	94	Detune(Delay)				
31	〃	63	95	Phaser				

〈보기 4-1〉 미디 컨트롤러표

1,2,3,4,5,6,7,8,9도 들을 수 있는 것과 같다.

덧붙이자면 0에서 10까지나 또는 그 반대로 어떤 시간 안에 크게 하거나 작게 하는 등 자유스럽게 연속적으로 조절할 수 있는 것이 연속형 컨트롤러들이다.

연속형 컨트롤러는 아주 세밀한 조절이 가능하므로 작업시에는 끈기를 갖고 각 음색들이 그 색깔을 분명히 나타낼 수 있도록 하여야 한다.

그러나 이러한 기준은 스위치형 컨트롤러가 연속형으로 발전하는 등 단지 기준일 뿐 그 쓰임새는 악기 제조회사나, 악기 성능의 차이에 따라 그 변화가 불가피하게 되어 앞으로도 어떤 새로운 방향으로 발전해 갈지는 더 두고 보아야 할 것이다.

■ MSB(Most Significant Bytes)

연속형 컨트롤러는 0번부터 63번까지 모두 64개이지만 그 중에서 반으로 나누어 0번부터 31번까지를 상위 바이트(MSB)로 구분한다.

상위 1바이트는 이를 구성하는 8개의 비트 중 데이터 바이트를 알리는 첫번째 비트를 제외한 7개의 비트값을 가지므로 7개의 비트가 가지는 최대의 값 (1+2+4+8+16+32+64)인 128단계(2^7)의 값을 가질 수 있다. 따라서 연속형 컨트롤러는 기본적으로 128단계로 조절할 수가 있다.

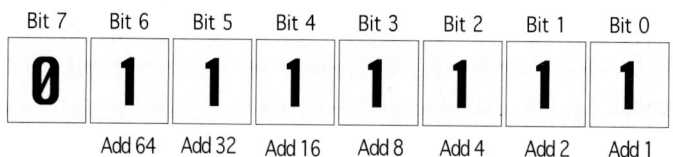

〈보기 4-2〉 MSB의 최대 값

■ LSB(Least Significant Bytes)

연속형 컨트롤러에 의하여 128단계 보다도 더 미세한 조절이 필요하다면 어떻게 해야 할까?

1이나 2보다는 1.1이나 1.01 등으로 나눔이 가능하다면 보다 표현이 자유로울 것은 당연하다.

이를 위하여 존재하는 것이 상위 바이트에 대한 하위 바이트인 32번부터 63번까지로 각각 차례로 0번부터 31번까지에 대응한다.

더불어 피치 벤드 체인지 메시지와 같이 하나의 미디 메시지 내에서도 정밀성을 요구하는 경우 사용한다.

하위 바이트는 상위 바이트에 덧붙여져서 총 14비트의 값을 가질 수 있도록 만드는 역할을 한다.

따라서 모두 14개의 비트가 가질 수 있는 최대의 값(1+2+4+8+16+32+64+128+256+512+1024+2048+4096+8192)인 16,384단계(2^{14})의 값을 가질 수 있다.

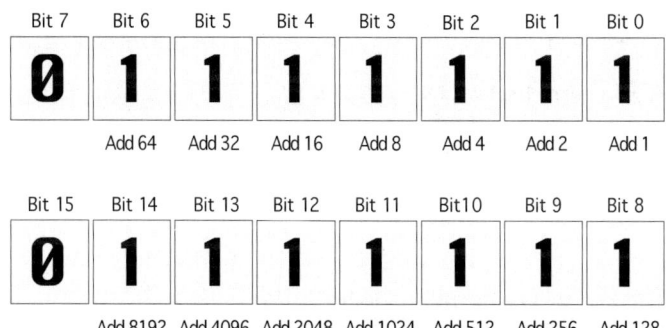

〈보기 4-3〉 LSB가 사용된 최대 값

예를 들어 팬의 조절을 좀더 세분화시킬 필요가 있을 경우에는 컨트롤러 10번과 그에 대한 하위 바이트로서 42번(LSB=MSB+32)을 보낸다. 그러면 슬레이브는 상위 바이트(7비트)와 하위 바이트(7비트)를 함께 받아들여 하나의 값(14비트)으로 처리한다.

그러나 모든 악기가 하위 바이트의 확장을 지원하지는 않는다. 이는 각 악기나 컨트롤러의 종류에 따라 따로 쓰여지거나 같이 쓰여지거나 할 수 있다는 것이다.

앞에서도 밝힌 바와 같이 미디는 비동기 신호이므로 악기가 모든 컨트롤러 메시지에 반드시 대응할 필요는 없으며, 메시지를 어떻게 처리하느냐 하는 것도 제조회사의 마음이다.

예를 들어 사운드 캔버스의 경우에는 컨트롤러 10번값(0~127)을 모두 소리의 좌우 정위에 이용하는 것이 아니라 1부터 127까지만 사용하고 0의 값이 들어오면 악기가 자체적으로 무작위(Random)로 값을 발생시켜 소리의 위치가 임의로 바뀌게 하기도 한다. 또한 그 동안 정의되지 않은(Undefined) 번호에 기능을 부여하여 신제품을 출하하기도 한다.

다시 한 번 더 분명히 밝혀 두지만 모든 컨트롤러가 모든 악기에 똑같이 적용되지 않으므로 반드시 컨트롤러를 사용하기 위해서는 자신이 사용하는 악기의 메뉴얼에 밝혀 놓은 미디 임플리멘테이션 차트를 참조해가며 사용하기 바란다.

 Switch Controller

스위치형의 컨트롤러는 연속형과는 달리 실행(On)과 비실행(Off)만이 기능되는 컨트롤러의 총칭으로 64번부터 95번까지가 이에 해당된다.

그러나 컨트롤러 91번부터 95번까지는 얼마 전까지 스위치형이었으나 지금은 그 값을 조절할 수 있는 연속형으로 발전된 것들도 있음을 유의하기 바란다.

이는 미디 규약을 만드는 제조업체들끼리의 이해관계 때문에 미디 규약이 초기의 것과 거의 다름없을 정도로 변함이 없는데, 이에 따라 이것들도 아직까지 스위치형 컨트롤러로 규정되어 있을 뿐이다.

스위치형 컨트롤러들은 설정값이 0이면 Off로, 127이면 On으로 인식하지만 사용하는 기종에 따라 0~63이면 Off로 64~127이면 On으로 인식하게 하는 것들도 있다.

스위치형 컨트롤러들은 LSB는 지원하지 않는다.

Data Controller

데이터 컨트롤러는 각 악기가 가지는 특수한 내부의 파라미터를 조정하기 위해 사용하는 컨트롤러들로서 96번부터 119번까지가 해당된다.

미디는 기기들 간의 아주 공통되는 부분만 지원하는 통신규약일 뿐 악기의 기능에는 관여하지 않는다. 즉, 마스터에서 1이라는 메시지를 보내면 슬레이브는 1이라는 신호만을 받을 뿐이지 그 1이라는 신호에 대해 어떻게 반응할지는 슬레이브에 따라 달라질 수 있다는 것이다.

더 나아가서 어떤 음색에 대하여 그 음색을 이루는 여러 가지 파라미터들을 미디 메시지에 의하여 조작할 수가 없기 때문에 사용자들이 미디 기기들을 이해하고 조작하기 위해서는 각 기기들마다 효과의 정도를 전부 숙지하는 수밖에 없다.

이는 불편하게 생각할 수도 있으나 사용자의 입장에서 보면 좋은 일이다. 왜냐하면 기본적인 것들 뿐만 아니라 내부의 모든 사항들까지 규격화가 되어 있다면 A사의 제품이나 B, C, D사들의 제품이 모두 같기 때문에 사용법은 간단히 익힐 수 있을지 모르지만, 제조사 특유의 장점이 없어져서 전 세계의 모든 음악이(극단적인 표현일지 모르지만) 일률적일 수밖에 없을 것이며 어떤 발전을 기대할 수가 없을 것이기 때문이다.

그러나 미디는 각 제조사들마다 다른 악기 내부의 사항도 조절할 수 있게 데이터 컨트롤러를 지원하여 특수한 목적으로 미디 메시지를 조작할 수 있게 해 놓았다.

특수형 컨트롤러에 대한 설명은 100-101, 98-99, 96-97순으로 읽어 주기를 바란다. 특히 이들은 연속형 컨트롤러 6번인 데이터 엔트리와는 불가분의 관계에 있기 때문에 컨트롤러의 순서가 바뀌면 절대로 안 된다.

연속형 컨트롤러와 달리 뒷번호가 MSB이고 앞번호가 LSB인 것도 다 이와 같은 이유이기 때문이다.

Mode Controller

모드 컨트롤러는 미디 기기의 송·수신 형태를 결정하는 미디 컨트롤러의 총칭이다.

모드 컨트롤러들은 채널 모드 메시지들을 미디 컨트롤러로 제어할 수 있도록 한 것이다.

모드 컨트롤러는 모드 컨트롤러의 설정에 의하여 소리의 형태가 바뀌기 때문에 어떤 의미에서는 다른 컨트롤러들보다 우선이라고 할 수 있다.

각 미디 컨트롤러의 기능

다음에 이어질 내용은 각 미디 컨트롤러들의 개괄적인 설명이다.

다시 한 번 반복하지만 미디 컨트롤러는 확실히 규정된 사항이 아니기 때문에 여기서 정의된 컨트롤러의 번호에 따른 기능과 효과의 범위, 정도는 각 악기들마다 달라질 수 있음을 유의하기 바란다.

0 I 32 - Bank Select

다양한(Variation) 음색 뱅크 선택.

뱅크 실렉트는 컨트롤 체인지 메시지를 알리는 스테이터스 바이트(BcH)에 이어 두 번째 바이트(00H, 20H)에 나타내며 세 번째 바이트(mmH, llH)는 뱅크 값이다.

또한 뱅크 실렉트는 다른 컨트롤러와는 달리 각 제조사들마다 음색을 배열하는 방법이 너무 다양하기 때문에, 데이터의 입력시 다른 것들과 달리 MSB와 LSB를 같이 넣어 주는 것이 상례이다.

	Status	Second	Third
B	1011cccc	00000000	0mmmmmmm
	1011cccc	00100000	0lllllll
H	BcH	00H	mmH
	BcH	20H	llH

c　　　 = midi Channel number 　　: 0H - FH (ch.1 - ch. 16)
00,20 　= Bank Select MSB,LSB
mm, ll = Bank Number MSB,LSB : 00H,00H - 7FH,7FH
　　　　　　　　　　　　　　　　　(Bank1 - Bank 16,384)

　대부분의 악기들은 컴퓨터 메모리가 갖는 1바이트, 즉 128이라는 수치의 한계 때문에 음색을 설정하는 데 많은 제약이 따른다. 이대로라면 악기 내에 음색이 수백 또는 수천 개 이상일지라도 음색 버튼을 손으로 조작하지 않고 미디 메시지를 이용하여 설정할 수 있는 음색의 수는 128개밖에 되지 않는다는 것이다. 이는 정말 디지털 시대에 걸맞지 않는 우습고도 비극적인(?) 일이 아닐 수 없을 것이다.

　그러나 이의 극복을 위해서 뱅크 실렉트가 존재한다.

　뱅크 실렉트는 얼마 전까지만 해도 사용되지 않던 것이었는데 악기들이 점점 고성능화 되어감에 따라 제조사들이 필요에 의해 사용하게 된 대표적인 케이스이다.

　16,384개의 뱅크를 선택할 수 있기 때문에 앞으로 악기가 더 발달하여 음색 수가 많아진다 하더라도 이용상의 불편함은 없을 것이라 본다.

　대부분의 악기들은 몇 가지의 음원, 즉 소리의 재료를 서로 합성시켜서 만든다. 따라서 피아노군(群)이나 기타군 등의 음색이 비슷하지만 서로 다른 많은 아류의 음색을 만들어 낼 수가 있다. 이는 대부분의 경우 대표적인 음색을 일반적인 수치로 설정할 수 있게 해 놓았지만, 그 아류라고 할 수 있는 음색들은 뱅크 실렉트를 통하여 고를 수 있도록 해 놓았으며 각 악기 메뉴얼에 적혀 있다.

다음의 〈보기 4-4〉는 사운드 캔버스(SC-55)에서 음색 번호가 26번일 때 뱅크 실렉트에 의한 음색 변화의 경우이다.

사운드 캔버스에서 기타(Guitar)의 경우 음색 번호 25번부터 32번까지를 기타군으로 묶어 놓아 모두 8개가 있지만, 뱅크 실렉트 0번의 값의 변화에 따라 같은 번호의 음색이라도 여러 가지 음색들을 설정하여 사용할 수 있다.

PC #	CC #	V	Patch Name
26	X	X	Steel.Gt.
26	0	0	Steel.Gt.
26	0	8	12-strt Gt.
26	0	16	Mandolin

PC # = Program Change
CC # = Control Change
V = Controller Change

〈보기 4-4〉 뱅크 실렉트의 예

그러나 이뿐 아니라 요즘같이 많은 수의 음색을 내장하고 있거나 또는 그 악기에 딸린 디스켓 드라이브나 SCSI를 이용한 외부 저장 장치나 악기 전용의 확장 카드를 이용하여 음색의 추가가 가능하기 때문에 많은 수의 음색을 효율적으로 선택할 수 있도록 해 주는 것이 필요하게 되었다.

그 하나의 예로 영창사에서 제조한 K-2000시리즈의 경우 메모리가 허락하는 한 모두 1,000개의 음색을 악기에 띄워 놓고 사용할 수 있는데, 뱅크 실렉트의 하위 바이트인 32번을 이용하여 그 값이 0일 경우에는 음색 번호 0번부터 99번까지, 값이 1인 경우에는 100번부터 199번까지의 음색을 설정할 수 있도록 해 놓았다. 즉, 뱅크 실렉트 값에 따라 1백 단위, 2백 단위, 3백 단위 순으로 음색을 설정할 수 있도록 해 놓은 것이다.

이러한 방식뿐만 아니라 각 제조회사나 악기에 따라 뱅크 실렉트를 어떻게 지원하는지, 지원한다면 그 값에 대한 반응은 어떻게 달라지는지에 대한 차이가 있으므로 이에 대한 사용은 각 악기의 음색 리스트나 미디 임플리멘테이션 차트를 참조하는 것이 가장 좋다.

1 I 33 - Modulation

피치 모듈레이션 강도의 조절.

모듈레이션은 컨트롤 체인지 메시지를 알리는 스테이터스 바이트(BcH)에 이어 두 번째 바이트(01H)에 나타내며 세 번째 바이트(vvH)는 모듈레이션 값(Modulation Depth)이다.

	Status	Second	Third
B	1011cccc	00000001	0vvvvvvv
H	**BcH**	**01H**	**vvH**

c = midi Channel number . 0H - FH (ch.1 - ch.16)
01 = Modulation MSB
vv = Modulation MSB Depth : 00H - 7FH(0 - 127)

먼저 모듈레이션이라는 용어에 대하여 알아 두는 것이 중요하겠다.

모듈레이션은 음악 용어로 하나의 조(調=Key)에서 다른 조로 옮겨 가는 것을 말한다. 또 하나는 어떤 자극을 어떠한 방법으로 처리하여 사용하느냐 하는 것으로, 임의의 신호를 또 하나의 신호로 변조시키는 것을 말하기도 한다. 즉 모듈레이션이란 원칙적으로 어떤 신호가 바뀌는 변조 그 자체를 말하는 것이지 일반적으로 생각하는 음의 떨림(Vibrato)이 아니다.

   기타를 연주한다고 생각하자.
   맨 처음 오른손의 터치에 의해서 '띵' 하고 울리던 소리가 점차 줄어들면서 그 중간에는 왼손의 움직임에 따라 음정이 올라가거나, 떨거나, 급격히 감소하거나 하는 등 소리의 형태가 바뀜을 알 수 있다. 이 때 소리의 변화에 관계된 손의 모든 동작들을 모듈레이션이라 할 수 있는 것이다.

   모듈레이션은 이와 마찬가지로 악기 내부에서 연주자가 자신의 취향대로 모듈레이션 소스들을 별도로 지정할 수가 있으며, 악기 내부에서의 설정과 그 변화의 범위에 따라 같은 악기라도 상당한 차이가 있음을 알아야 할 것이다.
   그러나 대부분의 악기에서의 모듈레이션은 음정에 변조를 일으키는 피치 모듈레이션(Pitch Modulation)으로 설정되어 있는데, 이것의 효과는 비브라토와 유사하기 때문에 일반적으로 비브라토라고 부르는 것이다.

   비브라토는 두 가지 종류가 있는데, 하나는 기준 피치(음정)를 사이에 두고 위아래로 미세하게 음정의 변화가 일어나는 것이고, 또 다른 하나는 기준 피치(Pitch)보다 위와 기준 피치 사이에서 음정의 변화를 일으키는 것이다.
   이를 기타의 연주법에서는 핑거 비브라토와 핸드 비브라토라는 연주법으로 구별한다.
   이 두 가지 중 대부분의 경우 모듈레이션 컨트롤러에서 지원하는 비브라토는 전자의 것이다.
   모듈레이션이 미세하게 음정의 변화를 일으키는 비브라토를 지원하는 것은 연주자들이 어쿠스틱 악기를 연주하면 연주되는 소리가 일정하지 않다는 것에 대비하기 위한 것이다. 이는 위에서와 같이 기타의 연주시 줄을 누르고 있는 손이 아

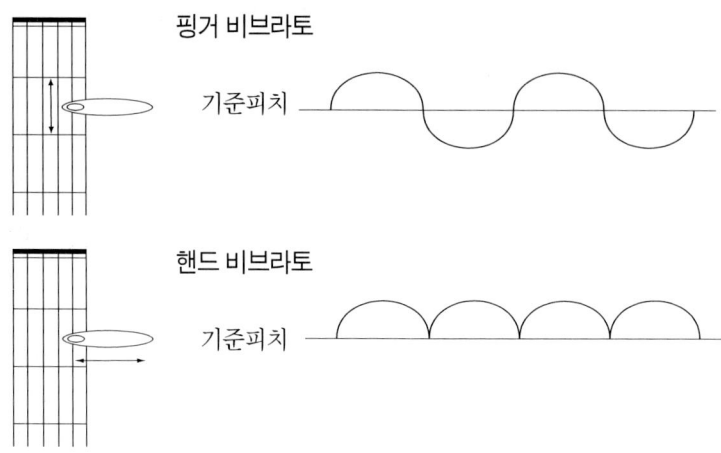

<보기 4-5> 핑거 비브라토와 핸드 비브라토

무런 움직임도 없이 그저 누르고만 있지는 않다는 것과 같다.

또한 사람의 입김을 이용하여 연주되는 악기들의 경우도 마찬가지로 사람들의 입김은 항상 일정할 수가 없기 때문에 이를 위한 표현으로 모듈레이션을 사용하는 것이 좋다.

특히 대중음악(노래방) 파일의 제작시 노래 멜로디에는 필수적으로 사용하는 것이 좋다. 모든 사람들이 정확한 피치를 유지하며 노래를 부른다는 것은 불가능하다는 이유도 있으나, 국내외를 막론하고 대부분의 가수들이 감정의 표현 수단으로 긴 음(시간적으로)에서는 바이브레이션(Vibration)을 걸기 때문에 이를 제대로 표현할 줄 알아야 한다.

건반에 딸린 모듈레이션 휠(Modulation Wheel)은 이러한 모듈레이션들을 조정하는 기구이다. 그리고 모듈레이션을 연주자가 실시간에 조절할 수 있도록 대부분의 건반은 왼쪽에 피치 휠과 나란히 놓아 두고 있다. 미디 컨트롤러 1번은 이러한 모듈레이션 휠이 움직이는 값과 동일하다.

따라서 좀더 생생한 연주자의 감성을 표현하고자 한다면 이미 입력된 데이터 위에 오버 더빙(Over Dubbing)하거나, 트랙을 새로이 만들어 채널을 같게 지정한 뒤에 모듈레이션 휠을 이용하여 직접 입력하는 것이 보다 감정의 표현에 효과적이다. 하지만 불필요한 데이터나 수정을 위해서는 하나하나 교정하는 것을 잊지 말도록!

2134 -Breath Control

브레쓰 컨트롤러 값의 조절.

브레쓰 컨트롤은 컨트롤 체인지 메시지를 알리는 스테이터스 바이트(BcH)에 이어 두 번째 바이트(02H)에 나타내며 세 번째 바이트(vvH)는 그 값이다.

	Status	Second	Third
B	1011cccc	00000010	0vvvvvvv
H	**BcH**	**02H**	**vvH**

```
c  = midi Channel number : 0H - FH    (ch.1 - ch.16)
02 = Breath Control MSB
vv = Control Value        : 00H - 7FH (0 - 127)
```

브레쓰는 말 그대로 사람의 입김을 말하는데 브레쓰 컨트롤은 이것을 조절할 때 사용하는 컨트롤러이다.

따라서 브레쓰 컨트롤을 이용하면 취주악기류는 실제로 사람이 부는 것과 똑

같이 표현할 수가 있다.

  그러나 애석하게도 이것을 지원하는 악기는 많지 않다. 이것을 지원하는 대표적인 것이 야마하사의 DX-7 시리즈인데, 이 악기는 특별히 전면부에 별도의 윈드 컨트롤러를 연결할 수 있는 연결구가 있어 입김으로 조절되는 윈드 컨트롤러를 연결하면 건반을 연주하면서 입으로는 모듈레이션을 마음대로 조절할 수가 있어 연주의 폭을 넓혀 준다.

  사실 취주악기의 경우 아무리 연주를 잘한다고 해도 건반만으로는 구조적으로 표현하기가 힘들다. 따라서 취주악기들도 취주악기 고유의 모듈레이션인 입김으로 데이터를 입력한다면 아주 훌륭한 연주가 가능할 것이다.

  이를 위하여 요즘에는 건반이나 전자 드럼, 미디 기타 이외에도 미디 포트에 접속하여 입김으로 입력이 가능한 별도의 윈드 컨트롤러(Wind Controller)가 많이 생산되어 나오고 있다.

  그러나 이 컨트롤러를 지원하지 않는 악기에서는 1번과 11번 등 다른 컨트롤러들을 결합시켜 그 효과를 얻을 수 있다.

 4 I 36 - Foot Control

  풋 컨트롤러 값의 조절.

  풋 컨트롤은 컨트롤 체인지 메시지를 알리는 스테이터스 바이트(BcH)에 이어 두 번째 바이트(04H)에 나타내며 세 번째 바이트(vvH)는 그 값이다.

	Status	Second	Third
B	1011cccc	00000100	0vvvvvvv
H	**BcH**	**04H**	**vvH**

```
c  = midi Channel number : 0H - FH    (ch.1 - ch.16)
04 = Foot Control MSB
vv = Control Value        : 00H - 7FH (0 - 127)
```

풋 컨트롤은 말 그대로 발로 밟아 악기를 조절할 때 사용하는 컨트롤러로 악기에 연결된 페달을 밟는 정도에 따라 모듈레이션의 정도가 변화하는 기능을 가졌다.

풋 컨트롤을 사용하기 위해서는 풋 컨트롤을 지원하는 악기이어야 한다. 풋 컨트롤은 주로 건반형 악기에서 많이 지원하는데, 이 악기들에는 서스테인 페달을 접속하는 연결구 말고도 별도의 풋 컨트롤러를 연결할 수 있는 연결구가 있다.

풋 컨트롤러는 발로 악기를 제어하고자 할 때 여러 가지의 것을 선택하여 사용할 수 있는데, 일반적으로 연속형의 미디 컨트롤러를 제어할 수 있는 페달형을 많이 사용한다.

그리고 이 컨트롤러에는 미디 컨트롤러 11번을 설정하여 사용하는 것이 보통이다. 그러면 현악기의 음색을 연주할 때에 건반으로는 음정을, 풋 컨트롤러로는 익스프레이션을 조절하면서 현악기의 특징 중의 하나인 부드럽고 연속적인 흐름을 자유로이 구사할 수 있다.

물론 사용자는 임의의 컨트롤러를 설정하여 사용할 수도 있다.

5 | 37 - Portamento Time

음정과 음정 사이에서 음정의 변화를 일으키는 시간을 조절.

포르타멘토 타임은 컨트롤 체인지 메시지를 알리는 스테이터스 바이트(BcH)에 이어 두 번째 바이트(05H)에 나타내며 세 번째 바이트(vvH)는 그 값이다.

	Status	Second	Third
B	1011cccc	00000101	0vvvvvvv
H	**BcH**	**05H**	**vvH**

c = midi Channel number : 0H - FH (ch.1 - ch.16)
05 = Portamento Time MSB
vv = Control Value   : 00H - 7FH (0 - 127)

포르타멘토는 슬러(Slur), 슬라이드(Slide), 스쿠프(Scoop)와 같이 어떤 음에서 또 다른 음으로 진행할 때에 그 두 음 사이에 속한 모든 음들을 연주하라는 뜻이다.

이러한 모든 것들은 피치의 변화이다.

이것들을 미디로 표현하기 위해서는 해당 음색 고유의 연주법을 토대로 두 음 사이의 모든 음들을 입력하거나 피치 값을 입력하는 것이 원칙이지만, 포르타멘토 타임은 이러한 것을 자동으로 해결해 줌과 동시에 진행하는 시간(빠르기)까지 조절할 수 있는 컨트롤러이다. 즉, 이 컨트롤러를 이용하면 자동으로 두 음 사이의 피치가 변화하는 동시에 그 변화하는 시간을 조절할 수가 있다.

그러나 여기서의 시간은 절대적인 시간이 아닌 상대적인 시간이다. 왜냐하면 음악에서의 시간은 곡의 빠르기에 따라 달라지기 때문이다. 따라서 어떤 효과를 얻기 위해서 이렇게 시간을 맞추어야 한다는 것은 정하기 어렵다. 그러므로 이를 위해서는 사용자의 감이 중요하다고 할 수 있다.

덧붙여 일부 사람들은 기타의 초킹 주법을 표현할 때 이 컨트롤러를 사용하는 경우도 있는데 이는 잘못된 것이다. 일일이 피치 벤드 값을 넣어 주지 않고 간단하게 효과를 얻을 수 있다는 점 때문에 편법으로 사용하지만 그 맛은 달라진다. 왜냐하면 초킹은 초킹의 속도 변화에 따라 그 맛이 달라지기 때문에 연주자의 감을 표현하기 위해서는 피치 벤드를 이용하는 것이 바람직하다.

포르타멘토 타임을 사용하기 위해서는 컨트롤러 65번인 포르타멘토 온, 오프로써 포르타멘토 타임의 시작을 알려야 한다.

6 I 38 - Data Entry

특수형 컨트롤러에서 정의된 컨트롤러의 수행치를 나타냄.

데이터 엔트리는 컨트롤 체인지 메시지를 알리는 스테이터스 바이트(BcH)에 이어 두 번째 바이트(06H ㅣ 26H)에 나타내며 세 번째 바이트(mmH ㅣ ll H)는 그 값이다.

	Status	Second	Third
B	1011cccc	00000110	0mmmmmmm
	1011cccc	00100110	0lllllll
H	BcH	06H	mmH
	BcH	26H	llH

c   = midi Channel number : 0H - FH (ch.1 - ch.16)
06,26 = Data Entry MSB,LSB
mm,ll = Value of the Parameter specified with RPN and/or NRPN

데이터 엔트리도 다른 컨트롤러들과 마찬가지로 주로 상위 바이트만을 사용하지만 특수형 메시지에 따라서 달라지기 때문에 하위 바이트도 같이 사용한다.

데이터 엔트리는 이것 자체만으로는 어떠한 역할도 할 수 없으며 임시적으로 하나의 역할로 규정시켜야만 사용이 가능하다.

데이터 엔트리를 이용하여 악기를 특정의 상태로 만들어 놓으면 이를 해제하기 전까지는 계속 그 상태를 유지하는데, 그래서 이러한 것을 러닝 스테이터스(Running Status)라고 한다.

만약 직접적인 연주를 목적으로 한다면 데이터 엔트리 전용의 슬라이드 버튼이 채용된 키보드에서는 에디트 화면에서 어떤 것에 대응할 것인지를 설정해 놓으면 된다.

그러나 미디 데이터 내에서 데이터 엔트리를 사용하기 위해서는 이것 앞에 특수형 컨트롤러에 속한 98번과 99번, 100번과 101번의 조합으로 특정의 기능을 조절할 수 있게 설정해 놓고 데이터 엔트리로는 그에 대한 값을 조절한다.

즉 98번부터 101번까지의 조합으로 피치 값의 범위에서부터 비브라토, 어택 타임의 조절 등 여러 가지를 할 수 있다. 물론 이 모든 것들이 채널 메시지에 속하기 때문에 각 채널별로 조절이 가능하다.

이에 대한 자세한 내용은 특수형 컨트롤러에서 알아보도록 하자.

7|39 - Volume

소리의 절대적 크기를 조절.

볼륨은 컨트롤 체인지 메시지를 알리는 스테이터스 바이트(BcH)에 이어 두 번째 바이트(07H)에 나타내며 세 번째 바이트(vvH)는 그 값이다.

	Status	Second	Third
B	1011cccc	00000111	0vvvvvvv
H	**BcH**	**07H**	**vvH**

```
c  = midi Channel number : 0H - FH    (ch.1 - ch.16)
07 = Volume MSB
vv = Control Value         : 00H - 7FH (0 - 127)
```

    말 그대로 소리의 크기를 조절하는 컨트롤러로, 그 악기 전체에 대한 음량이 아닌 이 컨트롤러가 쓰여진 채널에만 절대적으로 적용된다.
    만약 악기 전체의 음량을 조절하고자 한다면 수동으로 악기나 믹싱 콘솔, 앰프의 볼륨단자를 이용하는 수동적인 방법이 있으며, 소프트웨어에서 직접적인 조절을 원한다면 다음에 다루게 될 익스클루시브 메시지를 이용하면 된다.

    다른 것들도 마찬가지로 음량도 단순히 크게 하거나 작게 하면 된다고 생각하지만 생각만큼 그리 간단한 문제는 아니다.
    소리의 크기는 시그널 프로세서에 대응하는 다른 컨트롤러들에 많은 영향을 미친다. 쉽게 생각해서 여러분들이 라디오 등으로 음악을 들을 때에 소리를 작게 하면 고음역대는 많이 깎여서 중음역대에 해당하는 가수의 노래 소리와 타악기 소리가 제일 잘 들리게 된다.
    반대로 소리를 크게 하면 아주 화려한 고음역대의 악기는 물론 베이스 기타와 같은 저음역대의 소리들도 잘 들리게 된다. 이뿐만 아니라 리버브나 딜레이 등 시그널 프로세서의 효과들도 분명한 차이를 느낄 수 있을 것이다. 그래서 녹음실에서 녹음을 할 때에 두 가지 종류의 스피커를 이용하여 모니터를 해 가며 작업을 하는 것이다.
    따라서 각 채널의 볼륨을 설정할 때에는 각 채널별 균형은 물론이려니와 입력된 노트들의 벨로서티와 더불어 사용한 컨트롤러들과의 연계성을 머리에 두고 입력하는 것이 좋다.

이를 위한 방법으로 채널 전체를 어떤 기준이 될 만한 크기(예를 들면 100)를 정해 놓고 입력 한 후, 이를 기준삼아 가감하는 것이 좋다. 사실 음악 작업에서의 모니터링(Monitoring)은 아주 중요하다. 볼륨도 크게 하는 것과 작게 하는 것에서 많은 차이를 보이는데 거기다 스피커나 앰프, 콘솔 등이 달라진다면 어디다 기준을 맞추느냐 하는 문제는 생각하면 생각할수록 큰 문제가 아닐 수 없다. 그래서 여러분들에게 좋은 모니터 시스템을 갖추라고 권하고 싶다. 만약 전문적으로 할 것도 아닌데 무슨 소리냐고 반박한다면 적어도 좋은 헤드폰이라도 장만하길 바란다.

좋은 소리를 듣고 익혀 두는 것이 좋은 음악을 만들기 위한 첫걸음이다. 모든 음악의 출발은 감상에서 시작된다.

 8 | 40 - Balance

스테레오(Stereo) 출력시 많고(Upper)/적음(Lower)의 좌우출력 비율의 조정.

밸런스는 컨트롤 체인지 메시지를 알리는 스테이터스 바이트(BcH)에 이어 두 번째 바이트(08H)에 나타내며 세 번째 바이트(vvH)는 그 값이다.

	Status	Second	Third
B	1011cccc	00001000	0vvvvvvv
H	**BcH**	**08H**	**vvH**

```
c  = midi Channel number : 0H - FH (ch.1 - ch.16)
08 = Balance MSB
vv = Control Value         : 00H - 40H - 7FH
                             (Lower - Center - Upper)
```

밸런스는 소리의 위치를 결정하는 팬폿과는 성격이 다르다. 밸런스는 소리의 상대적 크기를 결정하는 것으로 소리의 크기가 마치 저울과 같이 한쪽이 커지면 다른쪽은 그만큼 적어지는 원리를 가진다.

정리하자면 팬폿은 소리의 위치를 좌 ↔ 우 방향으로 조절하는 것이고, 밸런스는 소리 크기의 좌:우 비율을 조절하는 것이다.

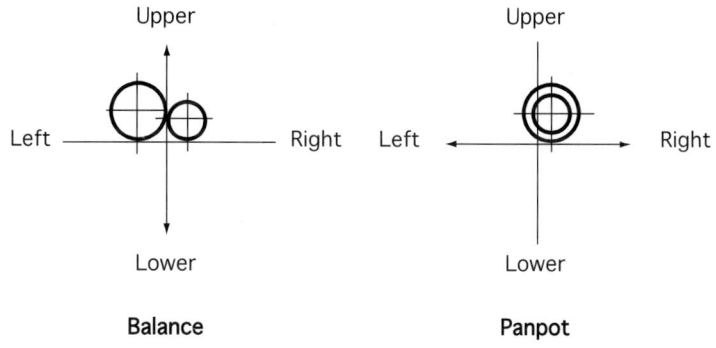

〈보기 4-6〉 밸런스와 팬폿

10 | 42 - Panpot

소리의 위치를 조절.

팬폿은 컨트롤 체인지 메시지를 알리는 스테이터스 바이트(BcH)에 이어 두 번째 바이트(0AH)에 나타내며 세 번째 바이트(vvH)는 그 값이다.

	Status	Second	Third
B	1011cccc	00001010	0vvvvvvv
H	BcH	0AH	vvH

c = midi Channel number : 0H - FH (ch.1 - ch.16)
0A = Panpot MSB
vv = Control Value : 00H - 40FH - 7FH (Left - Center - Right)

일반적으로 팬이라고 불리우며 여기서의 팬은 파노라마(Panorama)의 약자이다. 따라서 소리의 전체적인 울림 상태를 뜻하는데 그 전체적인 울림 상태는 소리의 위치를 파악해야만 가능하기 때문에 스테레오 효과와 관련이 있다.

스테레오 효과를 내기 위해서는 팬폿에 의하여 각 음색마다 소리의 위치를 갈라 놓아야만 한다. 소리의 위치는 인간의 두 귀(스피커) 사이를 중간으로 하여 왼쪽이나 오른쪽의 어느 지점에서 소리가 날 것인지를 정하는 것이다. 만약 전부 가운데에서 소리가 나게 한다면 모노(Mono)와 다를 것이 없다.

팬폿의 설정은 마구 흐트러뜨려 놓는 등 어떤 음악적 이미지를 만들기 위해서 사용하기도 하지만, 본래는 가 음색들이 서로 부딪히지 않고 명확히 들릴 수 있도록 하는 데 사용하는 것이 원래의 목적이다.

팬폿의 설정에 있어서 특별히 정해진 법칙은 없다. 다만 오케스트레이션은 각 악기들이 지휘자를 중심으로 배열하는 기준이 있고, 기본적인 록 밴드의 경우에는 드럼을 중심으로 높은 소리를 내는 하이 햇쪽에 낮은 음의 베이스 기타, 반대로 베이스 드럼쪽이 기타, 그 옆이 키보드라는 기본적인 무대 구성이 있다는 것을 참고로 알아 두길 바란다.

기본적인 설정에 있어서는 소리의 토대를 이루는 중저음류의 음색이나 베이스 드럼, 스네어 드럼, 베이스 기타나 하나의 곡을 전체적으로 이끌어 가는 등 전체적인 리듬을 이루는 것은 항상 가운데 두는 것이 소리의 안정을 위해서 좋다. 그리고 추가되는 음색을 음악에 사용되는 비중이나 역할에 따라 배열해 나가야 한다.

그러나 너무 극단적으로 왼쪽이나 오른쪽으로 치우치면 소리들이 너무 분리되어 들리므로 약간은 중앙으로 치우치도록 하는 것이 좋다.

팬폿은 볼륨과 벨로서티와 더불어 음악을 보다 음악답게 만드는 가장 기본적인 요소이다. 따라서 팬폿의 조절은 작품에 사용된 음색들의 주파수대, 역할, 극적인 구성 등 여러 가지를 염두에 두고 있어야만 한다. 즉 곡의 전체적인 흐름을 이해할 때 팬폿은 보다 좋은 결과를 가져오게 된다.

특히 팬폿의 설정에 있어서 사람들의 귀는 왼쪽과 오른쪽이 일정하지 않기 때문에 자신의 귀만으로 설정하는 것은 바람직하지 않다. 이를 극복하기 위해서는 위상 미터기를 이용하면 좋지만 먼저 기존의 음악을 많이 들어 보고 습득하는 것이 우선되어야 한다.

다시 한 번 더 말하지만 모든 음악은 감상에서 시작하는 것이다.
여담으로 일반적인 미디 컨트롤러에 의해 아직까지는 소리의 좌/우 정위에 대하여는 팬폿으로 설정이 가능하지만 위/아래, 앞/뒤, 대각선 등과 같은 설정은 불가능하다.
이러한 것이 가능하다면 정말 환상적이 아닐까 기대해 본다.

11 | 43 - Expression

음량의 상대적 크기를 조절.

익스프레션은 컨트롤 체인지 메시지를 알리는 스테이터스 바이트(BcH)에 이어 두 번째 바이트(0BH)에 나타내며 세 번째 바이트(vvH)는 그 값이다.

	Status	Second	Third
B	1011cccc	00001011	0vvvvvvv
H	BcH	0BH	vvH

c = midi Channel number : 0H - FH   (ch.1 - ch.16)
0B = Experssion MSB
vv = Control Value   : 00H - 7FH (0 - 127)

익스프레션은 또 다른 볼륨의 기능으로 사용하는 경우가 있으나 볼륨과는 차이가 분명하다.

이것을 사용하여 가장 효과적인 것은 피크(Pick)나 손가락, 그 밖의 도구를 이용하여 줄을 퉁겨서 소리를 내는 것이 아닌 긁어서 소리를 내는 현악기류나 입으로 부는 취주악기류의 음색이다.

익스프레션은 말 그대로 표현력이다. 예를 들어 바이올린과 같은 악기들은 음이 지속되는 동안에도 활을 미는 힘이나 속도에 따라 소리의 크기가 아주 극적으로 바뀐다. 이것이 바로 소리의 상대적 크기라 말할 수 있는 경우이다.

이러한 연주법을 표현하기 위해서는 볼륨으로 하는 것이 아니다. 왜냐하면 앞에서도 언급한 바와 같이 소리의 절대적 크기는 다른 컨트롤러의 효과에도 영향을 미치기 때문이다. 따라서 익스프레이션을 사용하기 바란다. 이러한 목적으로 익스프레이션을 사용할 때에는 되도록이면 익스프레이션의 간격이나 변화되는 값의 간격을 촘촘히 하는 것이 좋다.

소리의 양적인 크기를 결정하기 위해서는 기본적으로 볼륨 → 벨로서티 → 볼륨 → 익스프레션의 순으로 만들어 가야 한다. 즉 연주할 채널을 일정한 볼륨이 되도록 설정한 후에 노트 메시지를 입력하고, 후에 다시 볼륨을 조절하고 필요에 따라서 익스프레션으로 조절해 가는 것이 좋다.

덧붙여 곡 전체에 점점 크게(Fade In)나 점점 작게(Fade Out)를 위해서는 볼륨을 사용하는 것이 원칙이다.

64 - Sustain On/Off

서스테인의 켜짐과 꺼짐.

서스테인은 컨트롤 체인지 메시지를 알리는 스테이터스 바이트(BcH)에 이어 두 번째 바이트(40H)에 나타내며 세 번째 바이트(vvH)는 그 값이다.

	Status	Second	Third
B	1011cccc	01000000	0vvvvvvv
H	**BcH**	**40H**	**vvH**

c = midi Channel number : 0H - FH (ch.1 - ch.16)
40 = Sustain On/Off
vv = Control Value : 00H - 7FH (0 - 127)
          0 - 63 = Off / 64 -127 = On

이 컨트롤러는 피아노의 서스테인 페달의 역할을 한다.

홀드(Hold), 댐퍼 페달(Damper Pedal) 등과 같은 뜻으로 쓰이는 서스테인 페달은 피아노에 딸린 페달 중 제일 우측에 위치한 것으로 소리를 길게 지속시켜 주는 역할을 한다.

서스테인은 피아노에만 사용하는 것이 아니라 기타나 하프류 등 악보상의 음길이와 실제의 연주되는 음길이가 다른 음색에도 사용하면 효과적이다.

예를 들어 기타의 아르페지오 연주와 같은 경우 악보상에서는 8분음표로 기보되어 있다 하더라도 실제적인 음의 길이는 개방현의 사용이나 코드를 누르는 운지법에 따라 해당 현이 다음의 음에 의해 연주되지 않는 한은 음길이가 지속되는 특성이 있는데, 이럴 경우에는 그 음의 길이들을 하나 하나 계산해서 늘려 주어야 하는 것이 원칙이지만 서스테인을 이용하면 간단하게 그 효과를 대신할 수 있다.

즉 새로운 코드가 시작되는 부분에는 온을, 그 코드가 끝나는 부분에는 오프를, 바로 이어서 또 다른 새로운 코드가 시작되는 부분에는 온을… 하는 식으로 넣어 주면 된다.

초기의 서스테인은 오프되어 있는 상태이다. 따라서 온 메시지를 통하여 음을 지속시키고, 오프 메시지로 그 지속된 상태를 해지시키는 역할을 한다. 한번 온 메시지가 들어오면 오프 메시지가 들어오기 전까지는 지속되므로 데이터의 편집에 있어서 주의하여야 한다.

특히 악기들은 가끔씩 이 메시지를 사용하지 않았더라도 데이터의 전송에 이상이 생기면 악기는 계속해서 하나의 음을 울리는데, 이럴 경우에는 소프트웨어나 악기, 인터페이스의 패닉(Panic) 대응 버튼이나 메뉴를 이용하거나 아예 악기의 전원을 껐다가 다시 켜면 된다.

■ 피아노 페달의 위치와 역할

다음은 피아노에서의 페달들과 그 역할이다.

다음에 설명될 것들과도 관계가 있으므로 참고하기 바란다.

덧붙여 실제의 피아노 연주에 있어서 페달 사용에 대한 의견이 서로가 달라 딱히 이렇게 해야 한다는 규칙은 없다.

페달의 위치와 역할은 연주용인 그랜드 피아노와 일반 보급형인 업라이트 피아노가 서로 다르다.

```
        Grand Piano                    Upright Piano
   ─○────○────○─              ─○────○────○─
   Shifting Sostenuto Damper      Soft    Mute   Damper
    Pedal   Pedal    Pedal       Pedal   Pedal   Pedal
```

- 쉬프팅 페달   타현 장치 전체가 왼쪽 또는 오른쪽으로 약간 이동하여 3개의 현 중 2개만 타현시킴으로써 소리를 약화시켜 주는 페달.

- 소스테누토 페달   타현하는 건반의 댐퍼만을 개방시켜 그 때 울리고 있던 현만 페달을 뗄 때까지 울려 주게 하는 페달.

- 댐퍼 페달   댐퍼는 작은 목제 조각에 가죽이 붙어 있는 것으로 현 위에 부착되어 진동을 알맞게 하는 역할을 하는데, 댐퍼 페달을 밟으면 댐퍼가 현에서 떨어지게 하여 현이 개방되고 그러므로 소리의 울림이 길게 되어 공명이 되게 된다.

- 소프트 페달   해머를 현쪽으로 가까이 이동시켜 타현 거리를 좁게 하여 소리를 작게 해 주는 페달.

・뮤트 페달　　현과 해머 사이를 얇은 천으로 가려서 소리의 잔향을 끊어 주는 페달.

〈보기 4-7〉 피아노 페달의 위치와 역할

65 - Portamento On/Off

포르타멘토 타임의 켜짐과 꺼짐.

포르타멘토는 컨트롤 체인지 메시지를 알리는 스테이터스 바이트(BcH)에 이어 두 번째 바이트(41H)에 나타내며 세 번째 바이트(vvH)는 그 값이다.

	Status	Second	Third
B	1011cccc	01000100	0vvvvvvv
H	**BcH**	**41H**	**vvH**

```
c  = midi Channel number : 0H - FH    (ch.1 - ch.16)
41 = Portamento On/Off
vv = Control Value         : 00H - 7FH (0 - 127)
                             0 - 63 = Off / 64 -127 = On
```

연속형 컨트롤러 5번 포르타멘토 타임을 사용하기 위해서는 이것으로 먼저 온이 되어 있어야 한다.

악기 초기의 상태는 오프이기 때문에 포르타멘토 타임의 앞에 항상 먼저 설정되어야만 되며, 반대로 포르타멘토 타임의 값에 상관 없이 이것을 꺼줌으로써 해제시킬 수가 있다.

66 - Sostenuto On/Of

소스테누토의 켜짐과 꺼짐.

소스테누토는 컨트롤 체인지 메시지를 알리는 스테이터스 바이트(BcH)에 이어 두 번째 바이트(42H)에 나타내며 세 번째 바이트(vvH)는 그 값이다.

	Status	Second	Third
B	1011cccc	01000010	0vvvvvvv
H	**BcH**	**42H**	**vvH**

```
c  = midi Channel number : 0H - FH   (ch.1 - ch.16)
42 = Sostenuto On/Off
vv = Control Value        : 00H - 7FH (0 - 127)
                            0 - 63 = Off / 64 -127 = On
```

소스테누토 페달은 그랜드 피아노의 가운데 페달을 말하는데 이 페달도 서스테인 페달과 마찬가지로 음을 지속시켜 주는 역할을 한다.

그러나 서스테인과는 달리 온 메시지 이후의 모든 노트에 적용되는 것이 아니라 온 메시지와 정확히 같은 위치에 있는 노트에만 적용된다는 차이가 있다. 따라서 이 컨트롤러를 사용하기 위해서는 음의 지속을 원하는 노트와 정확하게 일치시켜야 하며, 또한 온 된 노트에 일치시켜 해제(오프)하는 것도 잊으면 안 된다.

67 - Soft On/Off

소프트의 켜짐과 꺼짐.

소프트는 컨트롤 체인지 메시지를 알리는 스테이터스 바이트(BcH)에 이어 두 번째 바이트(43H)에 나타내며 세 번째 바이트(vvH)는 그 값이다.

	Status	Second	Third
B	1011cccc	01000011	0vvvvvvv
H	**BcH**	**43H**	**vvH**

c = midi Channel number : 0H - FH　(ch.1 - ch.16)
43 = Soft On/Off
vv = Control Value　　　: 00H - 7FH (0 - 127)
　　　　　　　　　　　　0 - 63 = Off / 64 -127 = On

소프트 페달은 일반 보급형인 업라이트 피아노의 제일 왼쪽에 있는 페달인데, 이 페달을 밟게 되면 피아노 선을 때리는 해머가 앞쪽으로 이동하여 타현거리가 좁아지게 되므로 소리가 부드럽게 된다.

미디에서의 소프트 컨트롤러도 이 메시지가 온이 되면 출력되는 노트의 벨로서티를 일정하게 감산 처리하여 소리를 부드럽게 하여 주는 역할을 한다.

68 - Legato On/Off

레가토 풋 스위치의 켜짐과 꺼짐.

레가토는 컨트롤 체인지 메시지를 알리는 스테이터스 바이트(BcH)에 이어 두 번째 바이트(44H)에 나타내며 세 번째 바이트(vvH)는 그 값이다.

	Status	Second	Third
B	1011cccc	01000100	0vvvvvvv
H	**BcH**	**44H**	**vvH**

c = midi Channel number : 0H - FH　(ch.1 - ch.16)
44 = Legato On/Off
vv = Control Value　　　: 00H - 7FH (0 - 127)
　　　　　　　　　　　　0 - 63 = Off / 64 -127 = On

앞에서 알아 본 서스테인이나 소스테누토는 어떤 음들을 무작정 길게 소리나게 하는 역할이지만, 레가토는 두 음 사이에서만 기능을 발휘하므로 사용상의 차이가 있다.

레가토는 연주용어로 음과 음 사이를 끊긴 느낌이 들지 않도록 지시하는 말이다. 즉, 어떤 음이 레가토 온 메시지에 의해서 지속되다가도 다음 음을 만나면 그 음은 오프가 되고 후속음이 발음하게 되는 식으로 연주가 계속해서 이어지게 된다.

레가토를 지원하지 않는 악기에서는 음의 길이를 꽉꽉 채워 주든지 음색에 따라 앞의 음길이가 다음의 음길이와 약간 겹치도록 하여 그 효과를 대신할 수도 있다.

 69 - Mute On/Off

음의 정지의 켜짐과 꺼짐.

뮤트는 컨트롤 체인지 메시지를 알리는 스테이터스 바이트(BcH)에 이어 두 번째 바이트(45H)에 나타내며 세 번째 바이트(vvH)는 그 값이다.

	Status	Second	Third
B	1011cccc	01000101	0vvvvvvv
H	**BcH**	**45H**	**vvH**

```
c  = midi Channel number : 0H - FH    (ch.1 - ch.16)
45 = Mute On/Off
vv = Control Value        : 00H - 7FH (0 - 127)
                            0 - 63 = Off / 64 -127 = On
```

뮤트 페달은 업라이트 피아노의 가운데 있는 페달인데 이 페달을 밟게 되면 현과 해머 사이를 얇은 천으로 가려서 말 그대로 소리를 짧게 끊어 주는 역할을 한다.

이 컨트롤러를 사용하면 음의 길이와 상관 없이 소리를 끊어 주도록 되어 있으나, 끊어진다기보다는 감소라고 보는 것이 가깝다.

또 한 가지 중요한 것은 이 컨트롤러가 지원하는 뮤트의 개념은 기타의 뮤트 주법과는 다르다. 기타에서의 뮤트는 음 길이와도 상관이 있지만 음색이 달라진다고 보는 것이 합당할 것이다. 따라서 기타의 뮤트 주법을 표현하고자 한다면 기타의 뮤트된 음색을 이용하여야 하며, 이 컨트롤러를 사용해서는 그 효과를 얻을 수 없다.

91 - Effect Depth 1(Reverb Send Level)

반향음 효과의 정도를 조절.

리버브는 컨트롤 체인지 메시지를 알리는 스테이터스 바이트(BcH)에 이어 두 번째 바이트(5BH)에 나타내며 세 번째 바이트(vvH)는 그 값이다.

	Status	Second	Third
B	1011cccc	01011011	0vvvvvvv
H	**BcH**	**5BH**	**vvH**

```
c  = midi Channel number : 0H - FH    (ch.1 - ch.16)
5B = Reverb
vv = Control Value          : 00H - 7FH (0 - 127)
```

리버브는 리버브레이션(Reverberation), 즉 울려 퍼지는 소리의 줄임말이다. 다시 말해서 리버브는 최초의 소리를 한 번만 내고 그치는 것이 아니라, 자연적으로든 인위적으로든 일정한 시간차를 두고 계속적으로 울림으로써 소리를 보다 풍성하게 해 주는 상태를 말한다.

또한 에코(Echo)와 같은 뜻으로 이해되기도 하나 엄밀히 말하면 반향 시간이 20~30ms 이하를 리버브라 하고 그 이상을 에코라 하는데, 여러 개의 에코가 조밀하게 덧붙여진 상태를 리버브라 생각하면 된다. 따라서 원음과 반향음의 시간적 차이가 느껴지지 않게 되어 소리가 보다 두꺼워지고 풍성해지는 느낌을 얻게 되는 것이다.

그러나 에코는 원음과 반향음의 시간적 차이가 극명하게 느껴져서 마치 돌림노래와 같이 되어 리버브와는 다른 차이를 들려 준다.

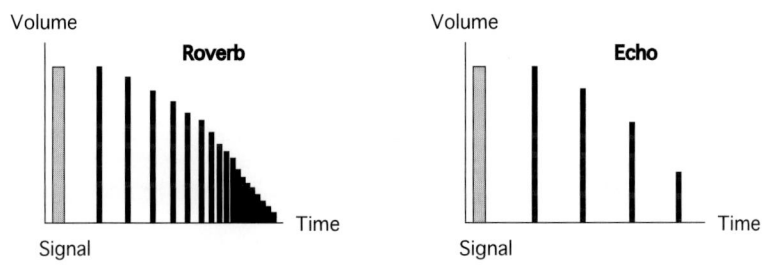

〈보기 4-8〉 리버브와 에코

소리를 듣는 데 있어서 반향음이 있느냐 없느냐, 더 나아가서 어떻게 이루어지느냐에 따른 차이는 마치 사람에게 어떠한 옷을 입히느냐 하는 것과 같은 중요한 문제이다. 반향음이 있고 없고의 차이는 목욕탕과 넓은 들판에서 각기 노래를 부른다 생각하면 쉽게 이해가 갈 것이다.

　미디 컨트롤러 91번은 초기에는 사운드 이펙트 1로 규정되어 있을 뿐이었다. 하지만 악기가 발달함에 따라 리버브 온, 오프의 기능으로 사용되다가 오늘날에는 대부분의 악기들이 연속형 컨트롤러와 같이 리버브 값을 조절할 수 있게 발전되었다.

　일반적으로 믹싱 콘솔에서 사운드 이펙터를 사용하기 위해서는 외부의 사운드 이펙터와 콘솔을 각각의 센드(Send)와 리턴(Return)으로 연결하여 사운드 이펙트에서 설정된 효과량의 정도를 콘솔의 각 채널에서 조절하여 사용하도록 한다.
　여기서도 센드, 즉 리버브를 보내는 값, 리버브의 양을 조절할 수 있는 것에 대응되도록 되어 있다. 따라서 리버브를 이루기 위한 시간의 차이라든지, 깊이를 따로 조절할 수는 없다.
　왜냐하면 각 악기들에 내장되어 있는 리버브뿐만 아니라 다른 사운드 이펙터들은 각각 조절 범위나 효과의 정도가 다르기 때문에 미디 컨트롤러에서는 단지 내장된 리버브 양의 정도만을 조절할 수 있게 해 놓았을 뿐이다. 만약 이러한 것들도 조절을 원한다면 익스클루시브 메시지를 이용하면 된다.

92 - Effect Depth 2(Tremolo Depth)

　주기적인 음량의 변화나 변조의 정도를 조절.
　트레몰로는 컨트롤 체인지 메시지를 알리는 스테이터스 바이트(BcH)에 이어 두 번째 바이트(5CH)에 나타내며 세 번째 바이트(vvH)는 그 값이다.

	Status	Second	Third
B	1011cccc	01011100	0vvvvvvv
H	**BcH**	**5CH**	**vvH**

c = midi Channel number : 0H - FH   (ch.1 - ch.16)
5C = Tremolo
vv = Control Value   : 00H - 7FH (0 - 127)

트레몰로는 본래의 음과 그 2도 위의 음을 빠르게 교대로 연주하는 트릴(Trill)과는 달리 같은 음이나 임의의 다른 음들을 빠르고 규칙적으로 되풀이하여 연주하는 것을 말한다. 드럼에서의 롤(Roll)이나 기타의 급속한 얼터네이터(Alternaitor) 피킹 등이 트레몰로에 해당된다.

그러나 미디 등의 디지털 악기에서의 트레몰로는 트레몰로될 음들을 연속하여 연주하는 방식으로 표현하지 않고, 그 음정의 차이만큼 신호의 진폭을 변조시켜 그 효과를 얻는다.

따라서 이 컨트롤러를 사용할 때에는 변조 폭의 차이를 정확히 설정하여야 하는데, 그 차이를 알 수 있는 방법이 미디 자체로는 없으므로 자신의 귀를 이용하는 수밖에 없다.

93 - Effect Depth 3(Chorus Send Level)

코러스 효과의 정도를 조절.

코러스는 컨트롤 체인지 메시지를 알리는 스테이터스 바이트(BcH)에 이어 두 번째 바이트(5DH)에 나타내며 세 번째 바이트(vvH)는 그 값이다.

	Status	Second	Third
B	1011cccc	01011101	0vvvvvvv
H	**BcH**	**5DH**	**vvH**

c = midi Channel number : 0H - FH (ch.1 - ch.16)
5D = Chorus
vv = Control Value : 00H - 7FH (0 - 127)

코러스는 합창이라는 이름에도 나타나듯이 원래 신호의 주파수, 즉 음정(Pitch)에 대해 또 다른 하나의 약간 벗어난 주파수 신호를 만들어 내는 것을 말한다. 이렇게 만들어진 2개의 신호를 결합하여 출력함으로써 소리가 보다 화려해지게 된다.

코러스도 앞의 리버브와 마찬가지로 스위치형 컨트롤러에 속해 있기는 하지만 그 사용은 연속형과 같이 발전되어진 것이다.

예를 들어 사운드 캔버스는 리버브와 코러스가 외부에 표시되어 그 효과 정도를 쉽게 파악할 수 있지만, 프로테우스와 같은 악기는 그 효과가 On이나 Off로 스위치형의 컨트롤러와 같은 효과를 낸다.

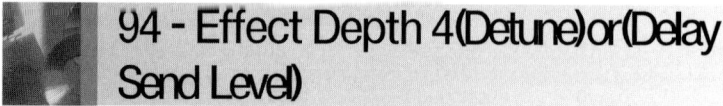 94 - Effect Depth 4(Detune)or(Delay Send Level)

디튠(또는 딜레이)은 컨트롤 체인지 메시지를 알리는 스테이터스 바이트(BcH)에 이어 두 번째 바이트(5EH)에 나타내며 세 번째 바이트(vvH)는 그 값이다.

	Status	Second	Third
B	1011cccc	01011110	0vvvvvvv
H	**BcH**	**5EH**	**vvH**

c = midi Channel number : 0H - FH   (ch.1 - ch.16)
5D = Detune
vv = Control Value   : 0EH - 40H - 72H (-50 - 0 - +50)
5D = Delay
vv = Control Value   : 00H - 7FH   (0 - 127)

이 컨트롤러를 보면 디튠과 딜레이로 설명하고 있는 것에 대하여 의아해할 것이다. 그것은 컨트롤러가 확실히 정해지지 않았고, 제조회사에게 그 권한이 있음을 확인하는 의미에서 두 가지를 설명하는 것이다.

먼저 디튠은 음정을 반음 단위보다 더 세분화시킨 것으로 ±50 이 최대치로 50은 반음에 해당한다.

대부분의 요즘 유통되고 있는 악기들은 둘 이상의 음을 합성시켜 하나의 음색이 이루어지는데, 이들 음원들을 약간씩 디튠 시킴으로써 코러스 같은 효과를 얻을 수 있다.

반면에 딜레이는 어떤 소리에 이어 일정 시간이 흐른 뒤에 1회 이상 후속음이 울리는 것을 말한다.

이 딜레이는 롤랜드사의 SC-88시리즈에서 채택되어 사용되고 있다.

위와 같이 같은 컨트롤러라도 기능이나 효과값의 차이가 극명하게 나타나는 것이 있는데, 이러한 것들에 대하여 알기 위해서는 다시 한 번 반복하지만 자신이 사용하는 악기의 메뉴얼에 표기된 미디 임플리멘테이션 차트를 참고하기 바란다.

 ## 95 - Effect Depth 5 (Phaser)

위상 변이의 정도.

페이저는 컨트롤 체인지 메시지를 알리는 스테이터스 바이트(BcH)에 이어 두 번째 바이트(5FH)에 나타내며 세 번째 바이트(vvH)는 그 값이다.

	Status	Second	Third
B	1011cccc	01011111	0vvvvvvv
H	BcH	5FH	vvH

c = midi Channel number : 0H - FH (ch.1 - ch.16)
vv = Phaser Depth   : 00H - 7FH (0 - 127)

페이저는 원래의 소리에 대해 위상을 시간적으로 당기거나 늦춰지게 하는 또 하나의 변화된 소리를 만들어 이 둘의 음파가 서로의 반사에 의해 겹쳐져서 증강 되거나 소멸될 때 일어나는 회전감이나 폭넓은 느낌의 소리를 얻는 것을 말한다.

페이저를 사용하면 멀리 있는 음이 바람을 타고 오는 듯한 느낌을 얻을 수 있다.

 ## 98 & 99 - NRPC LSB & NRPC MSB

제조사 정의의 파라미터 값을 조절.

NRPC는 컨트롤 체인지 메시지를 알리는 스테이터스 바이트(BcH)에 이어 두 번째 바이트(63H | 62H)에 나타내며 세 번째 바이트(mmH | llH)는 그 값이다.

	Status	Second	Third
B	1011cccc	01100011	0mmmmmmm
	1011cccc	01100010	0lllllll
H	BcH	63H	mmH
	BcH	62H	llH

c = midi Channel number : 0H - FH (ch.1 - ch.16)
mm = MSB of the Specified Parameter By NRPC
ll = LSB of the Specified Parameter By NRPC

NRPC는 Non Registered Parametar Control의 약자로서 이를 다르게 NRPN(Non Registered Parametar Number)으로 표기하기도 하지만 모두 같은 뜻이다.

NRPC는 RPC와는 달리 국제적으로 협의된 사항이 아니고 제조회사가 그 악기 특유의 기능을 조절할 수 있도록 비정의된 컨트롤러이다. 따라서 NRPC를 사용하기 위해서는 해당 악기의 메뉴얼이 필수적이다.

그러나 그 수많은 악기들을 다 소개할 수는 없는 일이기 때문에 가장 다수의 사람들이 사용하고 있다고 생각되는 롤랜드사의 사운드 캔버스(Sound Canvas / SC-55)를 살펴보기로 하겠다.

SC-55에는 모두 다음과 같은 13가지의 NRPC를 사용할 수 있다.

NRPC		Data Entry		Description
MSB	LSB	MSB	LSB	
01H	08H	mmH	---	**Vibrato Rate** Relative Change On Specified Channel mm: 0EH - 40H - 72H (-50 - +50)
01H	09H	mmH	---	**Vibrato Depth** Relative Change On Specified Channel mm: 0EH - 40H - 72H (-50 - +50)
01H	0AH	mmH	---	**Vibrato Delay** Relative Change On Specified Channel mm: 0EH - 40H - 72H (-50 - +50)
01H	20H	mmH	---	**TVF Cutoff Frequency** Relative Change On Specified Channel mm: 0EH - 40H - 50H (-50 - +16)
01H	21H	mmH	---	**TVF Resonance** Relative Change On Specified Channel mm: 0EH - 40H - 72H (-50 - +50)
01H	63H	mmH	---	**TVF & TVA Envelope Attack Time** Relative Change On Specified Channel mm: 0EH - 40H - 72H (-50 - +50)
01H	64H	mmH	---	**TVF & TVA Envelope Decay Time** Relative Change On Specified Channel mm: 0EH - 40H - 72H (-50 - +50)
01H	66H	mmH	---	**TVF & TVA Envelope Release Time** Relative Change On Specified Channel mm: 0EH - 40H - 72H (-50 - +50)
18H	rrH	mmH	---	**Pitch Coarse of Drum Instrument** Relative Change On Specified Channel rr: Note Number of Drum Intrument mm: 00H - 40H - 7FH(-64 - 0 - +63 Semitone)
1AH	rrH	mmH	---	**TVA Level of Drum Instrument** Absolute Change on Specified Drum Instrument rr: Note Number of Drum Intrument mm: 00H - 7FH (zero - Maximum)
1CH	rrH	mmH	---	**Panpot of Drum Instrument** Absolute Change on Specified Drum Instrument rr: Note Number of Drum Intrument mm: 00H, 01H - 40H - 7FH (Random, Left - Center - Right)
1DH	rrH	mmH	---	**Reverb Send Level of Drum Instrument** Absolute Change on Specified Drum Instrument rr: Note Number of Drum Intrument mm: 00H - 7FH (zero - Maximum)
1EH	rrH	mmH	---	**Chorus Send Level of Drum Instrument** Absolute Change on Specified Drum Instrument rr: Note Number of Drum Intrument mm: 00H - 7FH (zero - Maximum)

■ Vibrato Rate

비브라토 비율의 조절.

　　　#99　　1
　　　#98　　8
　　　#6　　 x　　　(x : 14 ― 64 ― 114 = -50 ― 0 ―+50)

비브라토 비율은 같은 시간 동안 얼마만큼의 떨림을 가져오느냐 하는 것을 횟수로 생각하면 된다. 즉 비율의 값이 많을수록 폭이 좁아져서 더 많은 떨림을 가져온다.

비브라토 비율은 절대적인 값이 있는 것이 아니라 상대적으로 다르며, 비브라토 비율을 적용시킬 채널에 밀접한 관계가 있다. 즉 채널에 설정된 음색의 성질에 따라 그 채널 전체의 기준이 되는 비브라토 비율의 값을 더하거나 빼는 역할을 할 뿐이라는 것이다.

예를 들어 20이라는 비브라토 비율의 값에 의한 효과는 절대적인 것이 아니라 악기나 음색, 채널의 환경에 따라 상대적으로 떨림의 양이 많을 수도 또는 적을 수도 있게 된다.

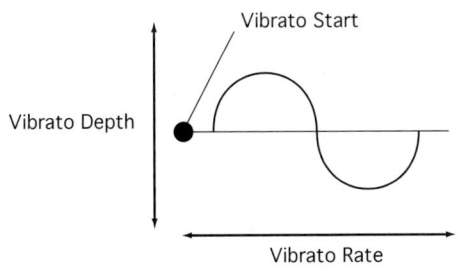

〈보기 4-9〉 비브라토의 깊이와 비율

■ Vibrato Depth

비브라토 깊이의 조절.

  #99 1
  #98 9
  #6 x (x : 14 — 64 — 114 = -50 — 0 — +50)

비브라토의 깊이를 조절한다.

비브라토의 깊이는 음정의 변화되는 폭을 말하는데, 대부분의 경우 최대 반음 이내에서 처리하므로 비브라토의 깊이를 크게 잡는다고 해서 조성에 영향을 줄 만큼 음정의 변화는 일어나지 않는다.

■ Vibrato Delay

비브라토의 시작점을 조절.

  #99 1
  #98 10
  #6 x (x : 14 — 64 — 114 = -50 — 0 — +50)

비브라토의 시작점을 정한다.

■ TVF Cutoff Frequency

음색 필터의 주파수대를 조절.

  #99 1

#98   32
#6   x   (x : 14 — 64 — 80 = -50 — 0 — +16)

TVF(Tone Voltage Filter)는 음색의 근본이라 할 수 있는 전기적 힘에 작용되는 필터로서, 필터라는 단어가 의미하듯 음색이 소리로 출력될 때 '어떤 걸음'을 통하여 음색을 보다 세밀히 다듬는 역할을 한다.

TVF에 포함되는 여러 가지 필터들은 너무 다양하고 이름도 각 제조사들마다 다를 뿐 아니라 수치의 범위나 수치에 반응하는 정도도 많은 차이가 있음을 알아야 한다.

TVF 컷오프 프리퀀시는 프리퀀시, 즉 주파수를 어디에서 자를 것인가를 설정하는 것이다. 다시 말해서 음색을 표현하는 가장 기본적인 수단인 전류값의 진동수(주파수)를 걸러내는 역할을 한다.

다음의 보기는 임의로 그려진 음색의 파형이다. 이 보기에서와 같이 이 값이 적으면 기준점보다 밑에서 자르기 때문에 소리가 부드럽고 약해지며, 값이 높을수록 세고 강해진다.

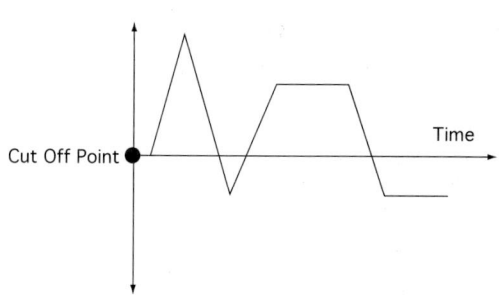

〈보기 4-10〉 컷오프 프리퀀시 포인트

■ TVF Resonance

공진값의 조절.

  #99 1
  #98 33
  #6 x   (x : 14 － 64 － 114 = -50 － 0 － +50)

레저넌스는 공명(共鳴), 또는 공진(共振)이라고 하는 것으로, 어떤 발음체의 진동 에너지에 다른 것이 반응하여 둘 사이에 에너지를 교환하여 진동수를 일치시키는 것을 말한다.

공명이 이루어지면 소리는 보다 화려해지고 고음역이 강조되게 되는데, TVF 레저넌스는 이러한 역할을 조절하는 기능을 한다. 다시 말하면 값이 높을수록 공명하는 주파수의 높은 부분을 강조하게 되고, 적을수록 그 반대의 현상이 일어나므로 음색을 보다 화려하고 생생하게 하고 싶다면 이를 잘 활용하기 바란다.

■ TVF & TVA Envelope Attack Time

어택 타임의 조절.

  #99 1
  #98 99
  #6 x   (x : 14 － 64 － 114 = -50 － 0 － +50)

먼저 TVA(Tone Voltage Amplitude)는 우리가 흔히 앰프(Amp./Amplifier)라는 용어에서 자주 접하듯 소리 증폭의 정도를 말한다. 즉 소리를 전기적인 신호인 볼트로 나타내면 어떤 파형이 나타나는데, 이 파형의 높이가 진폭으로 소리에 있어서는 음량을 결정한다.

이를 보다 자세히 설명하기 위해서는 다음의 〈보기 4-11〉을 이해하는 것이 우선되어야 한다. 이 보기는 다음에 설명될 것과도 밀접한 관계가 있으므로 참조하기 바란다.

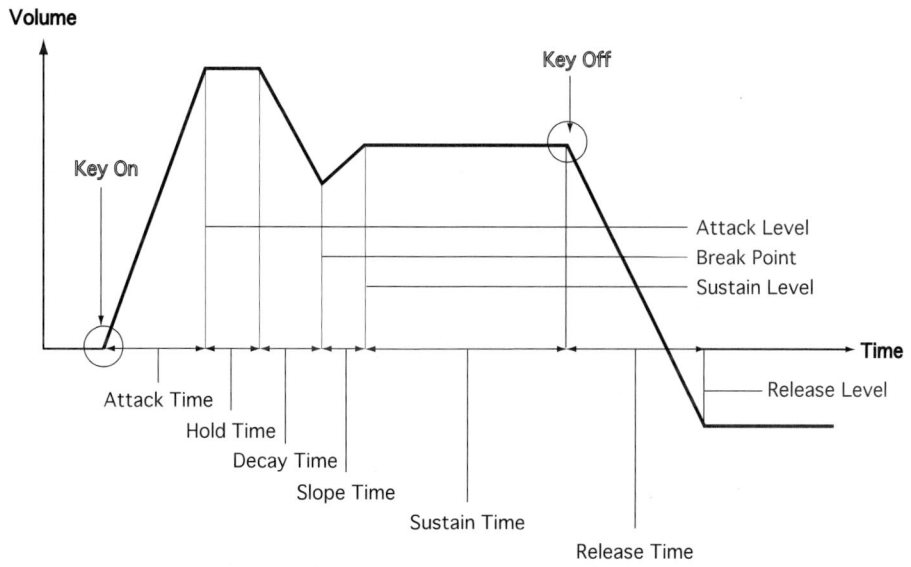

〈보기 4-11〉 엔벨로프 제너레이터

엔벨로프는 노트 온으로 시작된 소리가 시간이 지남에 따라 어떠한 모양으로 변화되어 사라지는가를 곡선으로 그려 놓은 형태를 말한다.

엔벨로프는 신시사이저 음색 에디터의 기본적인 요소들로, 기종들마다 약간의 차이가 있기는 하지만 기본적으로 건반을 눌러 소리가 날 때까지의 시간인 어택 타임(Attack Time), 어택 타임부터 서스테인 레벨까지의 시간인 디케이 타임(Decay Time), 건반이 눌려져 있을 때 일정한 음량의 지속을 뜻하는 서스테인 타임(Sustain Time), 그리고 마지막으로 건반을 놓은 후 음이 사라지는 시간인 릴리스 타임(Release Time)으로 이루어져 있다.

그리고 이를 각 머리글자를 따서 ADSR로 표기하는데 이 소리의 근간을 이루는 ADSR은 그 변화에 따라 소리의 성질이 달라지게 되므로 음색을 변화시키고자 할 때에 가장 먼저 다루어야 한다.

예를 들어서 SC-55의 50번 슬로우 스트링스 같은 경우는 어택 타임과 릴리스 타임이 비교적 길기 때문에 부드럽고 온화한 곡의 전체적인 백그라운드 등에 사용할 수가 있다.

반대로 49번 스트링스는 슬로우 스트링스에 비해 어택 타임과 릴리스 타임이 짧기 때문에 백그라운드적인 면보다는 활동적이고 대선율적인 강한 움직임의 경우에 사용하여야 할 것이다. 그러나 이것은 원칙론적인 것이고 곡의 분위기에 따라 얼마든지 변경이 가능하다.

자, 본론으로 돌아가서 이 컨트롤러에서의 어택 타임은 TVF와 TVA에 동시에 영향을 미치는데 근본적으로 어택 타임을 당기거나 늦추는 역할을 통하여 소리가 일정 수준의 레벨로 도달하는 시간을 통제하여 세기를 결정하게 된다.

■ TVF & TVA Envelope Decay Time

디케이 타임의 조절.

```
#99    1
#98    100
#6     x      (x : 14 — 64 — 114 = -50 — 0 — +50)
```

디케이 타임은 어택 레벨의 최정점에서 서스테인 레벨까지의 시간으로, 건반을 누르고 있는 동안에 소리가 감소하는 시간을 말한다.

■ TVF & TVA Envelope Release Time

릴리스 타임의 조절.

　　　#99　　　1
　　　#98　　　102
　　　#6　　　 x　　　(x : 14 ― 64 ― 114 = -50 ― 0 ― +50)

　릴리스 타임은 건반에서 손을 뗀 후 잔향이 완전히 사라지는 시간을 말한다.
　릴리스 타임이 길게 되면 음 수가 많은 연주나 빠른 연주에는 사용하기가 애매한 반면 부드럽고 유연한 연주에는 아주 효과적으로 사용할 수 있게 된다. 또한 이를 리버브와 잘 매치시키면 아주 부드럽고 감성적인 연주를 얻을 수 있다.

■ Pitch Course of Drum Instrument

드럼 구성 악기의 음정을 조절.

　　　#99　　　24
　　　#98　　　드럼 구성 악기의 노트 넘버
　　　#6　　　 x　　　(x : 0 ― 64 ― 127 = -64 ― 0 ― +63 반음)

　드럼의 경우는 많은 악기들이 모여서 하나의 음색을 이루고 있어서 채널 메시지에 의한 채널 전체에 영향을 주게 되므로 각 구성 악기들을 별도로 제어할 수 없다는 단점이 있다.
　실제 녹음에 있어서는 이러한 문제를 해결하기 위해서 각 드럼 구성 악기들을 믹서를 통해서 소위 '벌려서' 녹음을 하게 되는데 이러한 작업들이 만만치가 않다.

그러나 각 제조사들은 이러한 문제점을 해결하기 위해서 NRPC에 의해서 조절이 가능하게 해 놓았다.

드럼을 구성하는 타악기들의 음정을 조절한다는 표현이 좀 어색하기는 하나, 분명히 타악기들도 음정이 있으며 실제 연주에서는 드럼도 다른 악기들과 어울릴 수 있도록 조율을 한다.

MSB에서 지정하는 노트 넘버는 드럼을 구성하는 각 타악기들이 가지는 고유한 것이지만 프로그램, 즉 음색에 따라 다를 수 있으므로 Drum Set Table을 참조하여 지정하도록 한다.

■ TVA Level of Drum Instrument

드럼 구성 악기의 진폭을 조절.

#99   26
#98   드럼 구성 악기의 노트 넘버
#6   x   (x : 0 — 127 = 0 — 최대)

드럼을 이루는 타악기들의 진폭을 조절할 수 있다는 것은 좋지도 나쁘지도 않다.

명심할 것은 애초에 최대의 크기인 127로 설정되어 있으므로 증폭치를 빼는 역할만 할 뿐이지 더할 수는 없다는 것이다.

■ Panpot of Drum Instrument

드럼 구성 악기의 팬폿 조절.

#99   28

    #98   드럼 구성 악기의 노트 넘버
    #6   x   (x : 0, 1 — 64 — 127
                = 랜덤, 왼쪽 - 중앙 - 오른쪽)

드럼 구성 악기의 팬폿을 조절할 수 있다는 것은 아주 중요하다고 볼 수 있다.

사운드 캔버스와 같은 악기는 드럼을 구성하는 각 악기들의 팬폿을 듣기 좋게 설정해 놓아서 초보자들의 경우에도 별 무리 없이 사용할 수 있지만, 때에 따라서는 이들의 팬폿도 바꿔 주어야 할 경우가 있다.

특히 MSB에 0의 값을 주면 특정의 타악기만 랜덤을 시킴으로 아주 독특한 효과를 얻을 수도 있다.

■ Reverb Send Level of Drum Instrument

드럼 구성 악기의 리버브 값을 조절.

    #99   29
    #98   드럼 구성 악기의 노트 넘버
    #6   x   (x : 0 — 127 = 0 — 최대)

드럼 구성 악기들마다 별도의 리버브 값을 조절한다.

그러나 리버브 값의 가감이 자유로운 것은 아니고, 이 NRPC를 사용할 채널(10번)에 설정된 값에 몇 퍼센트 정도를 얻을 것인가 라고 보는 것이 정확하다.

다시 말해서 91번 컨트롤러를 사용해서 채널에 50이라는 값을 주었다면 여기의 최대의 값인 127이 바로 50에 해당된다.

■ Chorus Send Level of Drum Instrument

드럼 구성 악기의 코러스 값을 조절.

> #99   30
> #98   드럼 구성 악기의 노트 넘버
> #6   x   (x : 0 — 127 = 0 — 최대)

이 NRPC도 위의 리버브와 마찬가지로 절대값의 가감이 아닌 상대적인 가감이다.

100 & 101 - RPC LSB & RPC MSB

정의된 파라미터 값의 조절.

RPC는 컨트롤 체인지 메시지를 알리는 스테이터스 바이트(BcH)에 이어 두 번째 바이트(65H ㅣ 64H)에 나타내며 세 번째 바이트(mmH ㅣ ll H)는 그 값이다.

	Status	Second	Third
B	1011cccc	01100101	0mmmmmmm
	1011cccc	01100100	0llllllll
H	BcH	65H	mmH
	BcH	64H	llH

```
c  = midi Channel number : 0H - FH (ch.1 - ch.16)
mm = MSB of the Specified Parameter By RPC
ll = LSB of the Specified Parameter By RPC
```

RPC는 (Registered Parametar Control)의 약자로서 이를 다르게 RPN(Registered Parametar Number)로 표기하기도 하지만 모두 같은 뜻이다.

이 RPC는 미국의 MMA(MIDI Manufacturer Association)및 일본의 JMSC(Japan MIDI Standard Comity)와 같은 국제기구 합의하에 다음과 같은 3가지가 정의되어 있으며 더불어 RPC와 NRPC의 초기화가 있다.

RPC		Data Entry		Description
MSB	LSB	MSB	LSB	
00H	00H	mmH	---	Pitch Bend Range mm: 00H - 18H (0 - 24 Semitone) ll: 무시 　　초기값은 0, =/- 2개의 반음, 최대 =/- 2옥타브까지
00H	01H	mmH	llH	Master Fine Tuning mm,ll:00H - 40H,00H -7FH,7FH (-8192*100/8192 - 0 - +8192*100/8192 Cent)
00H	02H	mmH	---	Master Coarse Runing mm: 24H - 40H - 58H(-20 - 0 - +24 Semitone) ll: 무시 　　초기값은 0
7FH	7FH	---	---	RPC/NRPC Reset mm,ll: 무시

■ Pitch Bend Range

피치 벤드 영역의 설정.

　　　　#101　　0
　　　　#100　　0
　　　　#6　　　x　　　(x : 0 — 24 반음)

초기의 피치 벤드 영역은 +/- 2 세미톤, 즉 2개의 반음 사이를 조절할 수 있게 되어 있다. 그러나 곡에 따라 그 영역을 넓혀 줄 필요가 있는데 이를 위하여 다음과 같은 순서와 값으로 최대 +/- 2옥타브까지 조절할 수가 있다.

x에는 원하는 영역을 적어 넣는다.

예를 들어 1옥타브의 영역을 만들고자 한다면 1옥타브는 12개의 반음으로 이루어져 있으므로 12를 적어 넣으면 된다.

■ Master Fine Tuning

음정의 미세 조절.

```
#101    0
#100    1
#6      x       x = 64 : 원래의 피치
                x = 0 : 반음 아래,
                x = 127 : 반음 위
#38     x       x = 64 : 원래의 피치
                x = 0 : 한음 아래
                x = 127 : 한음 위
```

미디에 의한 연주를 회의적으로 말하는 이들의 주된 입방아가 너무 딱딱하다라는 것인데 이는 전자악기의 음정이 너무 정확하다는 것에서 그 이유를 설명할 수가 있을 것이다.

전자악기의 모체인 어쿠스틱 악기들은 조율, 기온, 연주자의 수준 등에 따라 음정의 유지가 정확하다고 볼 수 없다. 그러나 이렇게 정확하지 않은 것이 보다 인간적인 맛을 느낄 수 있게 해 주기도 한다.

사실 반음 내에서의 변화는 12음계를 사용하는 서양음악에서는 악보로 표기할 수 없을 뿐, 누구나 그 변화의 차이는 느낄 수 있다.

이를 농담삼아 삘(필/Fill)이라고들 말하는데, 음악에 있어서 어떤 수단으로 표기할 수 없는 것을 표현한다는 것은 매우 중요하다고 할 수 있을 것이다.

그러나 LSB까지 사용하면 한 음까지 위아래로 조절할 수가 있다.

하지만 한 음까지밖에 할 수 없으므로 조옮김과는 성격이 다름을 명심하기 바란다.

■ Master Course Tuning

출력되는 음정의 높낮이를 설정.

    #101   0
    #100   2
    #6   x(x : 40 - 64 - 88) = (x : -24 - 0 - +24 반음)

마스터 코어스 튜닝은 키 쉬프트(Key Shift)라는 용어로 표기하기도 하지만, 키라는 것이 조를 의미하는 것이고 조는 그 음악 전체에 해당되는 것이기 때문에 하나의 악기(채널)에만 적용되는 채널 메시지에서는 적용되지 않는다고 하는 것이 옳을 것이다.

이것의 표현값은 64(0)를 기준으로 40부터 88까지이므로 올리거나 내리고자 하는 반음의 수를 64에다 더하거나 빼면 쉽게 얻을 수 있다. 예를 들어 1옥타브를 올리고 싶다면 64+12=72라는 식으로 계산하면 된다.

■ RPC/NRPC Reset

RPC나 NRPC로 설정된 것을 해제.

데이터 엔트리에 임시로 할당된 역할, 즉 러닝 스테이터스 상태를 해제한다.

이 명령을 사용하면 RPC나 NRPC의 모든 기능이 해제되기 때문에 데이터 엔트리에 의한 설정값은 소용이 없게 된다.

즉 기능의 해제이지 설정값을 초기화 시키는 것은 아니다.

#101   127
#100   127

120 - All Sound Off

모든 소리의 정지.

올 사운드 오프는 컨트롤 체인지 메시지를 알리는 스테이터스 바이트(BcH)에 이어 두 번째 바이트(78H)에 나타내며 세 번째 바이트를 0(00H)으로 했을 때 기능한다.

	Status	Second	Third
B	1011cccc	01111000	00000000
H	**BcH**	**78H**	**00H**

c = midi Channel number : 0H - FH (ch.1 - ch.16)

이 컨트롤러가 수신되면 수신되는 채널은 즉시 채널의 모든 상태를 정지시킴으로써 미디 메시지의 모든 흐름이 차단되어 소리가 멈추게 된다.

이 컨트롤러의 값은 0만을 사용할 수 있으며, 0이 아닌 다른 값을 주었을 때에는 반응하지 않는다.

121 - Reset All Controllers

특정 채널 메시지의 초기화.

리셋 올 컨트롤러스는 컨트롤 체인지 메시지를 알리는 스테이터스 바이트(BcH)에 이어 두 번째 바이트(79H)에 나타내며 세 번째 바이트를 0(00H)으로 했을 때 기능한다.

	Status	Second	Third
B	1011cccc	01111001	00000000
H	**BcH**	**79H**	**00H**

c = midi Channel number : 0H - FH (ch.1 - ch.16)

말 그대로 하면 이 컨트롤러를 사용하는 악기의 모든 컨트롤러들을 초기화시켜야 하는 것이지만 실제적으로는 그렇지 않다.

즉 채널을 조절(Control)하는 것들(Controllers) 중 가장 소리에 영향을 미치는 기본적인 채널 메시지들에만 영향을 미친다. 또한 빈번히 사용하는 기본적인 미디 컨트롤러들도 지원하지 않는다.

이 컨트롤러는 주로 롤랜드 계열의 악기에서 사용되는데, 다음은 SC-55에서 지원하는 초기화되는 컨트롤러들이다.

Controllers	Value
Pitch Bend Change	+/- 0 (Center)
Polyphonic Key Pressure	0 (off)
Channel Pressure	0 (off)
Modulation	0 (off)
Expression	127 (Maximum)
Sustain	0 (off)
Portamento	0 (off)
Sostenuto	0 (off)
Soft	0 (off)
RPC	No Specified Parameter, Value is Not Changed.
NRPC	No Specified Parameter, Value is Not Changed.

122 - Local Control On/Off

건반부와 음원부의 분리와 결합의 설정.

로컬 컨트롤 온, 오프는 컨트롤 체인지 메시지를 알리는 스테이터스 바이트 (BcH)에 이어 두 번째 바이트(7AH)에 나타내며 세 번째 바이트(vvH)는 그 값이다.

	Status	Second	Third
B	1011cccc	01111010	0vvvvvvv
H	**BcH**	**7AH**	**vvH**

```
c  = midi Channel number : 0H - FH    (ch.1 - ch.16)
vv = Control Value        : 00H - 7FH (0 - 127)
                            0 - 63 = Off / 64 - 127 = On
```

일반적으로 미디 대응 악기는 건반부(입력장치)와 음원부가 같이 있는 보통의 신시사이저(Synthesizer), 건반은 없고 음원만 있는 모듈(Sound Module), 음원은 없는 마스터 키보드(Master Keyboard)와 같이 세 가지 형태를 취한다.

로컬 기능을 지니고 있는 것은 건반이 있는 신시사이저로 통상적으로 로컬 컨트롤이 켜져 있는 상태로서 건반의 연주를 통해 내부의 음원이 발음하게 되는 것이다.

그러나 로컬 오프 메시지를 통하여 건반부와 음원부를 분리시키는 기능을 한다.

예를 들자면 키보드와 음원을 서로 분리시키면 각기 다른 장비와 서로 다른 정보를 주고 받을 수 있게 되는데 로컬 컨트롤을 오프시킴으로써 한 대의 신시사이저로 음원부는 슬레이브가 되어 미디 인을 통해 들어오는 외부 컴퓨터의 정보를 받아 소리를 내고, 키보드부는 마스터가 되어 미디 아웃을 통해 또 다른 외부의 컴퓨터에 리얼 타임으로 정보를 보낸다든지 접속된 악기를 연주할 수 있게 되는 것이다.

123 - All Note Off

모든 노트의 발음을 정지.

올 노트 오프는 컨트롤 체인지 메시지를 알리는 스테이터스 바이트(BcH)에 이어 두 번째 바이트(7BH)에 나타내며 세 번째 바이트를 0(00H)으로 했을 때 기능한다.

	Status	Second	Third
B	1011cccc	01111011	00000000
H	**BcH**	**7BH**	**00H**

c = midi Channel number : 0H - FH (ch.1 - ch.16)

소리가 나고 있는 모든 노트들만을 강제적으로 멈추게 하는 메시지로서, 채널 메시지 전체를 중지시키는 미디 컨트롤러 120번인 올 사운드 오프와는 다른 성격을 갖는다.

이 컨트롤러는 현재 연주중인 악기가 떨어진다거나 또는 현재 리얼 타임으로 입력중인 마스터 건반 등에 어떠한 이상이 생겼을 때 이 메시지를 발생시켜서, 더 이상의 노트 정보에 대한 전송을 중지시켜 일정 시간 동안 노트 정보에 대한 입력과 출력을 거부시킬 수 있다.

흔한 예로 미디 컨트롤러 64번 서스테인을 이용하여 연주중일 때 연주를 서스테인 온 후, 오프 전에서 멈추면 그 음은 계속해서 발음하게 되는데 이럴 경우 이 메시지를 보냄으로써 지속되는 음을 멈출 수 있다.

이 메시지는 악기의 패닉(Panic) 버튼이나 소프트웨어상의 패닉 메뉴 등으로 대신하기도 한다. 하지만 모든 소프트웨어나 악기에 해당되는 메시지가 아니므로 이 신호에 반응하지 않을 수도 있다. 이럴 경우에는 해당 악기의 전원을 껐다가 켜는 것으로 대신하면 된다.

124 - Omni Off

지정된 채널의 메시지만 처리.

옴니 오프는 컨트롤 체인지 메시지를 알리는 스테이터스 바이트(BcH)에 이어 두 번째 바이트(7CH)에 나타내며 세 번째 바이트를 0(00H)으로 했을 때 기능한다.

	Status	Second	Third
B	1011cccc	01000101	00000000
H	**BcH**	**7CH**	**00H**

c = midi Channel numbe : 0H - FH (ch.1 - ch.16)

옴니는 모두(全, 總, 汎)를 뜻하는 말이다.

따라서 옴니가 오프 상태이면 모든 노트 메시지를 받아들이지 않고 미리 지정된 채널, 즉 사용되는 채널에서만 정보를 처리한다.

 125 - Omni On

모든 메시지의 처리.

옴니 온은 컨트롤 체인지 메시지를 알리는 스테이터스 바이트(BcH)에 이어 두 번째 바이트(7DH)에 나타내며 세 번째 바이트는 0(00H)으로 했을 때 기능한다.

	Status	Second	Third
B	1011cccc	01111101	00000000
H	**BcH**	**7DH**	**00H**

c = midi Channel number : 0H - FH (ch.1 - ch.16)

옴니 온은 옴니 오프와는 반대의 성격을 갖고 있다.

옴니 모드가 온으로 되어 있으면 모든 채널에서 모든 노트 메시지를 처리한다.

126 - Mono On

설정된 수의 노트만 인식.

모노 온은 컨트롤 체인지 메시지를 알리는 스테이터스 바이트(BcH)에 이어 두 번째 바이트(7EH)에 나타내며 세 번째 바이트(mmH)는 그 값이다.

	Status	Second	Third
B	1011cccc	01111110	0mmmmmmm
H	**BcH**	**7EH**	**mmH**

c = midi Channel number : 0H - FH (ch.1 - ch.16)
m = Number of Mono   : 0H - fH (0 - 16)

모노는 모노포닉(Monophonic)의 준말로 단음에 의한 연주 형태를 가리킨다. 그러나 각 악기들에 따라서는 처리할 노트의 수를 설정할 수 있기도 하다.

더불어 모노포닉 신시사이저(Monophonic Synthesizer)라 하면 단음에 의한 연주만이 가능한 신시사이저로 보통 초기의 것들에 해당된다. 그러나 점점 기술이 발달되어 다중음의 연주가 가능한 폴리포닉 신시사이저(Polyphonic Synthesizer)가 등장했는데 오늘날의 모든 악기들은 폴리의 형태로 이루어져 있으며 필요에 따라 사용자가 모노로 설정하여 사용한다.

모노 모드를 사용하는 가장 적합한 음색은 독자적으로 화성의 연주가 불가능한 것들에 사용하면 음의 길이를 어느 정도 틀리게 입력하더라도 좋은 연주를 기대할 수 있다. 따라서 취주악기나 기타의 솔로 등에 이용하는 것이 좋다.

127 - Poly On

동시 발음수 내에서의 다중음의 연주.

폴리 온은 컨트롤 체인지 메시지를 알리는 스테이터스 바이트(BcH)에 이어 두 번째 바이트(7FH)에 나타내며 세 번째 바이트를 0(00H)으로 했을 때 기능한다.

	Status	Second	Third
B	1011cccc	01111111	00000000
H	BcH	7FH	00H

c = midi Channel number : 0H - FH (ch.1 - ch.16)

폴리는 폴리포닉(Polyphonic)의 준말로 모노와는 상대적인 의미로 쓰이는데, 2개 이상의 다른 음이 동시에 울리는 형태를 말한다.

근래에 생산되는 대부분의 악기들은 모두 다중음의 연주가 가능한 폴리 모드로 되어 있기 때문에 별다른 설정 없이 화음의 연주가 가능하다.

지금까지 옴니, 모노, 폴리에 대하여 알아보았는데 이들을 조합하면 모두 4가지의 모드 형태를 만들 수 있다.

모드 1   옴니 온 폴리

                16개의 모든 채널의 모든 보이스 메시지를 처리하고 다중음의 연주가 가능하다.

모드 2   옴니 온 모노

                16개의 모든 채널의 모든 보이스 메시지를 처리하고 단음의 연주만 가능하다.

모드 3 옴니 오프 폴리

수신 채널로 설정된 보이스 메시지만을 처리하고 다중음의 연주가 가능하다.

대부분의 악기들이 지원하는 모드.

모드 4 옴니 오프 모노

수신 채널로 설정된 보이스 메시지만을 처리하고 단음의 연주만 가능하다.이 모드는 좀 특수하게 사용할 수 있는 모드이다. 이 모드는 지원되지 않는 악기들이 많지만 이론적으로는 모노포닉 신시사이저 여러 개를 동시에 연주하는 것과 같은 효과를 얻을 수 있다. 예를 들어 3성에 의한 화음을 연주할 때에 각 구성음마다 음색과 채널을 달리하면 하나의 화성을 여러 개의 음색으로 연주가 가능해진다.

그러나 실질적인 사용에 있어서는 모드3에서 각 채널별로 음색을 달리 설정하면 되기 때문에 이렇게 사용하는 일은 드물다.

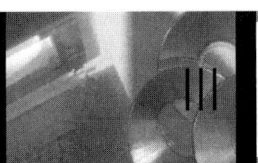

기본적인 컨트롤러의 설정

　미디 컨트롤러는 앞에서 알아 본 것과 같이 음악을 보다 음악답게 해 주는 아주 중요한 기능들을 갖고 있다.

　그러나 이들의 사용이 올바르지 못하면 음악을 해치는 결과를 가져오기도 한다.

　그 대표적인 경우가 곡의 시작부터 재설정이 이루어지지 않아서인데, 이럴 경우에는 그 전에 사용되었던 컨트롤러의 효과가 그대로 남아 있어서 자신이 의도하지 않은 이상한 결과를 초래한다.

　따라서 곡의 첫머리에는 반드시 미디 컨트롤러를 포함한 모든 미디 메시지들을 초기화시켜 준 후에 필요에 따른 컨트롤러를 사용해야 한다.

모든 미디 메시지의 초기화

악기를 초기화 시킬 수 있는 방법은 다음의 세 가지로 생각해 볼 수 있다.

첫째　모든 컨트롤러를 넣어준다.
　　　이 방법은 주로 초보시절에 사용하게 되는데, 많은 노동과 불필요한 데이터를 동반함으로 권장할 만한 방법은 못 된다.

둘째 해당 악기의 초기화를 위한 익스클루시브 메시지를 사용한다.

   이 방법은 어느 정도 익스클루시브 메시지에 정통해야 하지만, 단순히 악기의 초기화를 위한 익스클루시브 메시지는 해당 악기의 매뉴얼에 표기되어 있으므로 이 방법을 사용하는 것이 가장 확실하다.

   다음의 예는 롤랜드사의 SC시리즈에 적용되는 GS 리셋을 위한 익스클루시브 메시지이다.

   F0 41 10 42 40 00 7F 00 41 F7

셋째 둘째 방법의 변형으로 GM을 지원하는 악기일 경우에는 GM 초기화를 위한 익스클루시브 메시지를 사용한다.

   F0 7E 7F 09 01 F7

기본적인 컨트롤러의 설정

 곡의 첫머리에는 반드시 초기화를 위한 익스클루시브 메시지와 더불어 기본적인 컨트롤러들을 넣어 주도록 하자.

 즉 곡의 첫째 마디는 채널 설정을 위한 컨트롤러들만을 위하여 사용하고, 실질적인 곡은 둘째 마디부터 시작될 수 있도록 하는 것이 좋다. 여러분들이 라디오를 듣기 전에 항상 채널이나 볼륨, 음색 등을 조정하듯이 말이다.

 다음은 표준 미디 형식(General MIDI)으로 데이터를 구성할 경우 각 채널 첫머리에 설정할 수 있는 기본적인 컨트롤러의 예이다.

F0 7E 7F 09 01 F7		GM 초기화를 위한 익스클루시브 메시지
0	0	뱅크 실렉트 MSB
32	0	뱅크 실렉트 LSB
Patch	any	음색 번호
7	100	볼륨
10	64	팬폿
91	40	리버브
93	0	코러스

〈보기 4-12〉 기본적인 컨트롤러의 설정

이 중에서 익스클루시브 메시지는 다른 컨트롤러들 보다도 앞서 있어야 한다.

뱅크 실렉트의 경우 0번이나 32번 중 하나만을 사용하는 경우가 많으나 이 둘을 조합하여 사용하는 경우가 있기 때문에 둘 다 설정하도록 한다. 또한 음색을 설정하기 위해서 뱅크 실렉트가 사용되기 때문에 음색번호보다 앞서 위치할 수 있도록 한다.

그 다음부터는 사용자가 필요한 곳에 필요한 컨트롤러를 필요한 만큼 설정하면 그만이지만, 보기에서와 같은 컨트롤러들은 꼭 집어넣는 것이 좋을 것이다. 물론 이에 대한 값은 여러분들의 음악에 맞게 여러분들의 귀를 통하여 얻도록!

더불어 중요한 것은 초기화를 위한 익스클루시브 메시지와 기본적으로 사용될 컨트롤러의 간격이 최소한 1박 이상은 떼어 놓아야 한다는 것이다.

만약 충분한 간격(시간적)을 갖지 못하면 익스클루시브 메시지를 처리하는 데 시간이 걸리므로 처리 시간 안에 놓여 있는 컨트롤러들은 그 값을 아무리 조절하더라도 모두 초기화 상태로 있게 된다.

또한 사용하는 컨트롤러들도 약간의 간격을 두어 수신측 악기가 처리하는 데 충분한 여유를 갖도록 하는 것이 좋다. 만약 컨트롤러들이 모두 같은 위치에 있게 되면 컴퓨터의 처리 속도가 늦는 경우에는 몇몇 컨트롤러 메시지가 처리되지 못하거나 약간의 버그가 발생할 수도 있다.

더불어 각 채널간에도 일정한 간격을 갖도록 하는 것이 좋다. 예를 들어 1번 채널의 첫박에 익스클루시브 메시지를 넣고 둘째박부터 미디 컨트롤러를 넣었다면 2번 채널에는 둘째박보다 약간 뒤에 넣어 주는 식으로 16개의 모든 채널을 설정하도록 한다.

또한 이렇게 작성된 파일을 저장하여 원판으로 사용하길 권장한다.

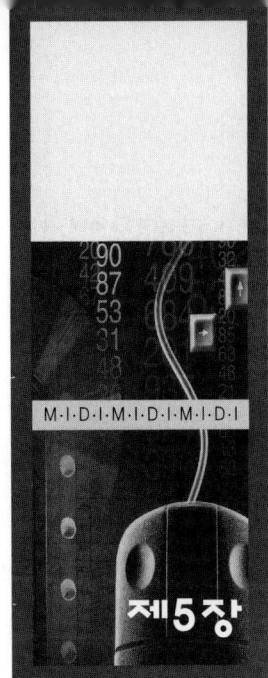

익스클루시브

I 익스클루시브 메시지의 형식
II 익스클루시브 메시지의 활용

MIDI

익스클루시브 메시지를 다룰 줄 안다는 것은 미디 메시지의 전체적인 흐름과 자신의 장비를 마음대로 다룰 줄 알아야 한다는 것이 전제되어야 한다.

따라서 시스템 익스클루시브 메시지는 미디의 최종적 도전이자 완성(기술적)이라 할 수 있다.

익스클루시브 메시지는 미디라는 수단에 포함되지만 미디라고 보기에는 통일성이라는 측면에서는 동떨어져 있기 때문에 쉽게 접근하지 못하고 있는 것이 현실이다.

그러나 익스클루시브 메시지도 다른 미디 메시지들처럼 규격화되어 있지는 못하지만 나름대로의 형식이 있기 때문에, 이러한 틀만 제대로 이해한다면 얼마든지 다른 미디 메시지들 처럼 자유롭게 이용할 수 있을 것이다. 그리고 그 이득으로 음악의 기술적인 측면에서의 완성도를 보다 기름지게 할 수 있을 것이다.

그러므로 주저하지 말고 한번 도전해 볼 만한 가치가 있을 것이라 믿는다.

미디의 규격화는 음악인들에게 새로운 무기를 손에 쥐어준 것과 같다. 그러나 반대로 모든 것이 규격화가 된다면 음악의 다양성이라는 측면에서는 절대 좋은 것만은 아닐 것이다.

그래서 제조회사들은 나름대로의 독특한 구성으로 음색, 이펙터 등의 내부적인 것늘 뿐만 아니라 특수한 기능들을 부여함으로써 다른 회사의 악기들과 차별화를 이루고 있다. 이 차별화된 요소가 사용자의 주머니 사정과 입맛에 맞을 때 비로소 사용자의 품안으로 들어오고, 거기서 음악이라는 상당히 추상적이면서도 구체적인 예술의 형태로 탄생하는 것이다.

문제는 이러한 차별화된 요소들을 사용자의 입장에서 실시간에 조절한다는 것이 그리 쉬운 일은 아니라는 것이다.

여기서 실시간이라는 것은 말 그대로 어떤 행위의 정도를 원하는 시간에 이루어지도록 한다는 것인데, 여기서의 정도와 시간을 꼭 필요한 순간에 직접해야만 하는가라는 의문을 제기할 수 있다.

미디를 통한 음악인들은 특정의 소프트웨어를 통하여 작업(Programing)이라는 과정을 거친다. 여기서의 작업은 음표의 연주 시점부터 높낮이, 연주 방법 등 여러 가지인데 아무튼 작업이라는 것의 핵심은 이러한 연주 순서를 정한다는 것에 있다. 따라서 실시간이라는 것도 순서를 따라 정해진 차례에만 동작을 하면 되는 것이다.

예를 들어 키보디스트가 연주를 할 때에 보통은 하나의 악기에서 하나의 음색만을 사용하지 않고 여러 가지 음색을 바꾸어 가며 연주를 하는데 이러한 음색의 변경을 손으로 음색 번호의 버튼을 이용하게 된다.

그러나 작업이라는 과정을 거치면 음색 번호를 원하는 위치에 입력시켜 놓는 것만으로 연주는 순차적으로 미디 메시지를 송·수신 시키면서 이루어진다.

이것을 발전시키면 단순히 음색의 종류를 변경시키는 것만이 아니라 음색을 변화시키는 것도 가능한데, 문제는 연주 중의 음색 변화는 거의 불가능할 뿐 아니라 미디 메시지를 이용하여도 한계가 있다는 것이다. 그래서 생각해 볼 수 있는 것이 익스클루시브 메시지의 이용이다.

익스클루시브 메시지를 이용하면 음색뿐만 아니라 악기가 허용하는 거의 모든 기능의 변화가 가능하다.

단점이 있다면 원하는 순간에 변화를 줄 수 없다는 것인데, 이것도 작업이라는 과정을 거쳐서 연주하는 곡의 어느 지점에서의 변화가 이루어지도록 익스클루시브 메시지를 위치해 놓는다면 실시간의 변경과 같게 된다는 결론을 얻을 수가 있다.

익스클루시브 메시지의 형식

익스클루시브 메시지를 이해하기 가장 힘든 이유가 각 제조사마다, 한 제조사 내에서도 생산되는 악기들마다 전혀 또는 약간씩 다른 형태의 메시지 형식을 취한다는 것이다.

그러나 미디가 탄생한 기본 배경이 메시지 구성의 통일임을 감안한다면 미디 메시지의 일부인 익스클루시브 메시지도 일정한 형식이 있음을 알게 될 것이다.

시스템 익스클루시브 메시지는 〈보기 5-1〉과 같은 형식으로 구성되어져 있으며 이 순서로 보내진다.

이의 순서는 절대로 바뀌어서는 안 된다.

익스클루시브를 이해하기 위한 첫단계가 바로 〈보기 5-1〉에 나타난 데이터 형식을 파악하는 길이다.

그 다음에는 여러분의 메뉴얼을 참조하여 BODY에서 기능의 설정 및 그 수행치를 조절하면 그만이다.

그럼 우선적으로 익스클루시브 메시지를 이루는 각 바이트에 관하여 살펴보기로 하자.

여기서 자주 나오는 ID(Identification)는 일종의 신원 증명을 위한 주민등록증과 같은 것이다. 익스클루시브 메시지는 다른 미디 메시지들과는 달리 규격화되어 있지 않고, 각 제조사나 악기별로 다르기 때문에 어떤 것에 적용되는 것인지를 ID를 통하여 판별한다.

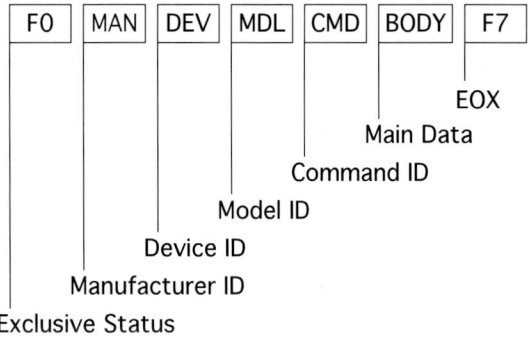

〈보기 5-1〉 익스클루시브 메시지의 형식

즉 마스터에서 보내지는 익스클루시브 메시지는 슬레이브측에서 신원 조회를 하여 자신과 같은 것만을 처리하게 된다.

따라서 A라는 악기를 위해 훌륭하게 작성된 익스클루시브 메시지라 하더라도 B라는 악기에서는 처리할 수도 없고 만에 하나 몇몇 요소가 같아서 처리를 한다 하더라도 완전하지 못하기 때문에 B라는 악기는 이상한 상태로 되기 십상이다.

F0H Exclusive Status

시스템 익스클루시브의 시작을 알리는 스테이터스 바이트로 익스클루시브를 실행하기 위해서는 반드시 제일 처음에 있어야 한다.

	Status
B	11110000
H	F0H

익스클루시브 메시지는 미디 메시지가 규격화된 초기와 달리 너무 방대해지고 다양해져서 따로 취급하지만 원칙적으로는 시스템 메시지중 커먼 메시지에 속한다.

따라서 별도의 데이터 바이트는 없고 익스클루시브 메시지임을 규정하는 스테이터스 바이트만 존재한다.

MAN Manufacturer ID

익스클루시브 메시지는 앞에서도 밝힌 바와 같이 제조사 특유의 방식으로 구성된 내부적 요소들을 조절하기 위해서 사용하는 것이다.

따라서 익스클루시브의 시작을 알린 후, 2번째 바이트는 어떤 회사의 제품에 반응하는지를 표기한다.

다음의 보기는 각 제조사별 ID이다.(〈보기 5-2〉참조)

DEV Device ID

디바이스 ID는 각 기기가 갖고 있는 고유 번호이다.

이것은 악기들이 시리즈로 생산될 경우 공통되는 경우가 많다.

익스클루시브 메시지는 앞에서도 알아 본 것처럼 채널별 조절은 가능하지만 송·수신은 1번 채널만을 통하는 시스템 커먼 메시지이다. 그러므로 여러 개의 같은 악기를 사용하면 개별적인 조절이 불가능하므로 각 악기별로 특정의 고유 번호를 가지게 하여 익스클루시브 메시지의 흐름을 결정하게 한다.

〈보기 5-2〉 각 제조사별 ID

미국계열	
01	Sequential
02	IDP
03	Octave-Plateau
04	Moog
05	Passport Design
06	Lexicon
07	Kurzwell
08	Fender
09	Data Stream Inc.
0A	AKG Acoustic
0B	Voyce Music
0C	Waveframe Corp
0D	ADA Signal Processor
0E	Garfield Electronics
0F	Ensoniq
10	Oberheim
11	Apple Computer
12	Grey Matter Response
13	Mimetics
14	Palm Tree Instrument
15	JL Cooper
16	Lowrey
17	Adam Smith
18	E-mu Systems
19	Harmony Systems
1A	ART
1B	Baldwin
1C	Eventide
1D	Inventronics
1E	Key Concepts
1F	Clarity

유럽계열	
20	Passac
21	Siel
22	Synthaxe
23	Stepp
24	Hohner
25	Twister Enginnering
26	Solton
27	Jellinghous MS
28	Southworth
29	PPG
2A	JEN
2B	SSL Limited
2C	Audio Veritrieb-P.S
2D	?
2E	SoundTracks Ltd.
2F	Elka
30	Dynacord
31	Intercontinental
32	?
33	Clavia Digital Inst.
34	Zykllus Limited
35	?
36	Chetah Marketing
37	?
38	Simmons
39	SoundCraft Elec.
3A	Steinberg
3B	Wersi
3C~3F	?

일본계열	
40	Kawai
41	Roland
42	Korg
43	Yamaha
44	Casio
45	Moridaira
46	Kamiya Studio
47	Akai
48	Japan Victor
49	Mesosha
4A	Hoshino Gakki
4B	Fujitsu Electronics
4C	Sony
4D	Nisshin Onpa
4E	Teac
4F	System Product
50	Matsushita Electric
51	Fostex
52~7D	?

확장자			
00	00	07	Digital Music Corp.
00	00	08	IOTA Systems
00	00	09	?
00	00	0A	?
00	00	0B	IVL Technologies
00	00	0C	Southern Music Sys.
00	00	0D	Lake Butler Sounds
00	00	0E	?
00	00	0F	?
00	00	10	DOD Electronics
00	00	11	?
00	00	12	?
00	00	13	?
00	00	14	Fretworks
00	00	15	KAT
00	00	16	Opcode
00	00	17	?
00	00	18	Spatial Sound
00	00	19	KMX
00	00	1A	?
00	00	1B	?
00	00	1C	360 Systems
00	00	1D	?
00	00	1E	?
00	00	1F	?
00	00	20	Axxes
00	00	21	Orban

유니버설 시스템 익스클루시브	
7E	Non-Real Time ID
7F	Real Time ID

따라서 기기의 고유 번호는 같은 회사의 같은 악기라도 개별로 익스클루시브 메시지를 송·수신 할 경우 사용자가 변경을 해 주어야만 한다.

예를 들어 롤랜드사의 SC-55 시리즈는 전면의 ALL 버튼을 눌렀을 때 보이는 MIDI CH칸의 17(10H)로 설정되어 있는 것으로, 사운드 캔버스를 2대 이상 사용할 때에는 이 고유 번호를 수동으로 각기 다르게(00H - 1FH) 설정하여 사용해야 한다.

MDL Model ID

모델은 악기, 즉 제품 번호를 말한다.

악기들은 SC-55, D4, M1 등 고유의 모델명이 있는데, 이들마다 특정의 ID를 부여함으로써 개별적인 조절이 가능하게 되는 것이다.

따라서 익스클루시브 메시지 에디터를 보았을 때에 이것을 확인해 보면 어느 악기에 해당되는 것인지를 확인할 수 있게 된다.

CMD Command ID

커맨드 ID는 익스클루시브 메시지의 송·수신을 구별한다.

익스클루시브 메시지를 수신하는 것은 11H이고 송신하는 것은 12H이다. 따라서 마스터(소프트웨어)에서 작성되어 각 악기로 송신하기 위해서는 항상 12H로 되어 있어야 한다.

BODY Main Data

메인 데이터는 실질적인 익스클루시브를 다루기 위한 기능의 설정을 목적으로 한다.

이것은 어드레스(Address)와 데이터의 영역으로 나뉘는데 어드레스는 특정의 기능을 설정하는 다른 미디 메시지들의 스테이터스 바이트와 같다고 보면 되고, 데이터는 데이터 바이트와 같이 어드레스에서 정의된 기능에 따른 수행치이다.

그 밖에 롤랜드 계열의 악기들은 첵섬(Check Sum)이라 하여 메인 데이터의 끝에 별도의 계산을 해 주어야 하는데 계산법은 다음 같다.

① 바디부(어드레스 값부터, 데이타까지)를 10진수로 바꾸어
　몽땅 다 더해 준다.
② 더해 준 값을 128로 나눈다.
③ 나눈 다음 그 몫은 버리고, 나머지를 갖는다.
　만약 다 더한 값이 128보다 작으면 그 수를 그대로 이용한다.
④ 128에다 다시 ③ 의 값을 빼 준다.
⑤ 10진수를 16진수로 바꾼다.
⑥ 첵섬의 완성

그러나 이보다 더 좋은 방법은 첵섬 계산기를 이용하는 것이다. 첵섬을 계산하기 위해서는 전문적인 광학 계산기를 이용하여도 되나 PC통신에서 미디 동호회를 통하면 이를 위한 전문적인 유틸리티들이 많이 있으므로 이를 이용하는 것이 보다 편리하다.

F7H EOX

익스클루시브 메시지는 다른 메시지들과 달라서 반드시 시작을 했으면 끝났음을 알려 주어야 하는데 그 역할을 하는 것이 F7H, 즉 엔드 오브 익스클루시브(End Of Exclusive)이다.

	Status
B	11110111
H	F7H

이 메시지도 F0와 마찬가지로 시스템 커먼 메시지에 속하기 때문에 별도의 데이터 바이트는 없고 익스클루시브 메시지의 끝을 알리는 스테이터스 바이트만 존재한다.

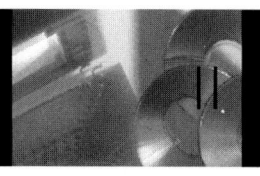

익스클루시브 메시지의 활용

익스클루시브 메시지 활용의 관건은 바디부에서의 메인 데이터의 작성에 있다. 바디부는 기능과 효과값을 설정하는 부분인데, 실질적인 익스클루시브 메시지의 조절이라고 할 수 있다.

그러나 이것을 다룰 때의 문제점은 미디 컨트롤러 등과 같이 각 악기들마다 어느 정도라도 규격화된 것이 아니라 저마다 각각 다르다는 것이다. 따라서 이것의 해결은 마치 난수표와 같이 자신이 사용하는 악기의 메뉴얼을 보면서 사용할 수밖에 없다.

다음의 몇 가지 예제들은 우리 나라에 가장 많이 보급된 롤랜드사의 사운드 캔버스(SC-55)를 표본으로 삼아 설명된 것이다.

음영체는 어드레스, **볼드체**는 수행치, 외각선체는 첵섬이다.

따라서 이를 바탕으로 자신의 악기들을 활용할 수 있도록 하자.

 ## Master Tune

Address(H)	Size(H)	Data(H)	Description	Default Value(H)
40 00 00	00 00 04	0018 - 07E8	-100.0 - 0 + 100.0 [cent]	00 04 00 00
40 00 01#				
40 00 02#				
40 00 03#				

마스터 튠은 세계 공통의 표준고도(Standard Pitch - A음 기준 440Hz)를 조절할 수 있도록 한다. 따라서 이를 조절하면 초당 진동수가 변하기 때문에 악기 전체의 음정에 미세한 영향을 주게 된다.

여기서의 마스터는 미디 메시지의 송신을 담당한다는 뜻이 아니고 악기 전체를 뜻한다.

100 센트 낮추기 = 415.3Hz
F0 41 10 42 12 40 00 00 00 00 01 08 37 F7

초기화 시키기 = 440.0Hz
F0 41 10 42 12 40 00 00 00 04 00 00 3C F7

100 센트 높이기 = 466.2Hz
F0 41 10 42 12 40 00 00 00 07 0E 08 23 F7

466.1HZ로 맞추기
F0 41 10 42 12 40 00 00 00 07 0E 07 24 F7

465.7HZ로 맞추기
F0 41 10 42 12 40 00 00 00 07 0D 08 24 F7

459.3HZ로 맞추기
F0 41 10 42 12 40 00 00 00 06 0E 08 24 F7

 ## Master Volume

Address(H)	Size(H)	Data(H)	Description	Default Value(H)
40 00 04	00 00 01	00 - 7F	0 - 127	7F

마스터 볼륨은 미디 컨트롤러 7번에 의해서 각 채널별로 조절하는 것이 아닌 악기 전체의 음량을 설정한다.

범위는 최소 0에서 최대 127까지이다.

100으로 설정하기
F0 41 10 42 12 **40 00 04 64 58** F7

0으로 설정하기
F0 41 10 42 12 **40 00 04 00 3C** F7

Master Key-Shift

Address(H)	Size(H)	Data(H)	Description	Default Value(H)
40 00 05	00 00 01	28 - 58	-24 - +24 semitone	40

키 쉬프트는 조 옮김을 위한 메시지이다. 이를 이용하면 노트 메시지의 변경(Transpose) 없이도 쉽게 효과를 얻을 수 있다.

범위는 48세미톤, 즉 24개의 반음인 위/아래로 2옥타브씩 가능하다.

장3도 올리기
F0 41 10 42 12 **40 00 05** 44 77 F7

 **Master Pan**

Address(H)	Size(H)	Data(H)	Description	Default Value(H)
40 00 06	00 00 01	01 - 7F	0 - 127	40

악기 전체 소리의 위치를 설정한다.

단, 사운드 캔버스의 특성인 0의 값을 주었을 때에 얻을 수 있는 무작위(Randomize)는 마스터에서는 얻을 수 없다.

 오른쪽으로 24
F0 41 10 42 12 40 00 06 **58 62** F7

GS Reset

Address(H)	Size(H)	Data(H)	Description	Default Value(H)
40 00 7F	00 00 01	00	GS Default Setting	-

롤랜드사 고유의 포맷인 GS로 악기를 세팅한다.

이 메시지를 사용하면 악기를 최초의 공장 출하때와 같은 상태로 돌려 놓는다.

SC 시리즈를 이용하여 작업을 할 때에는 반드시 이 메시지를 어떤 미디 메시지보다 앞에 놓아서 악기를 초기화시켜 놓아야 한다.

원칙적으로 여기서 사용되는 디바이스 ID는 SC-55를 나타내는 45H로 해야 하지만 42H를 이용하고 있는데 어느 것이나 사용해도 상관없다. 다만 다른 SC 시리즈와의 호환성을 고려해 42H를 사용하고 있을 뿐이다.

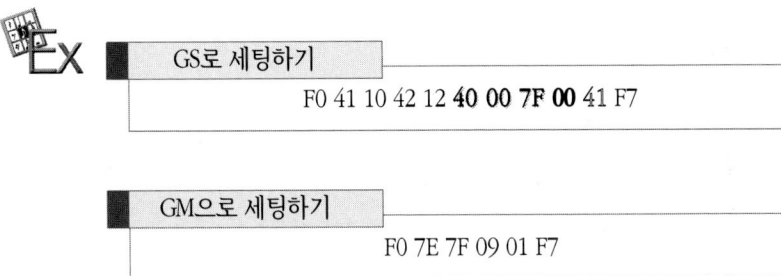

GS로 세팅하기
F0 41 10 42 12 **40 00 7F 00** 41 F7

GM으로 세팅하기
F0 7E 7F 09 01 F7

Voice Reserve

Address(H)	Size(H)	Data(H)	Description	Default Value(H)
40 01 10	00 00 10	00 - 18	Part 10(Drum Part)	02
40 01 11#			Part 1	06
40 01 12#			Part 2	02
40 01 13#			Part 3	02
40 01 14#			Part 4	02
40 01 15#			Part 5	02
40 01 16#			Part 6	02
40 01 17#			Part 7	02
40 01 18#			Part 8	02
40 01 19#			Part 9	02
40 01 1A#			Part 11	00
40 01 :#			:	:
40 01 1F#			Part 16	00

리저브는 동시 발음수를 배분하는 역할을 한다.

SC-55의 동시 발음수는 최대 24개이다. 따라서 24개 이상의 노트 메시지를 동시에 사용할 경우 위와 같이 먼저 드럼 파트에 2개, 1번 파트에 6개, 2번 파트에 2개…. 식으로 우선권을 준다.

따라서 사용자들은 곡 작업에 있어서 이러한 우선 순위를 염두에 두고, 곡의 전체적인 근간을 이루는 피아노는 1번 채널, 드럼과 더불어 음악의 뼈대를 담당하는 베이스 기타는 2번 채널… 이런 식으로 음색을 설정하는 것이 좋다.

물론 동시에 울려야 할 노트가 중복되지 않는 경우라면 어떻게 설정해도 상관은 없다.

그러나 사용자가 이렇게 배분된 보이스 수를 변경하고 싶다면 임의로 바꿀 수가 있다. 다만 전체적으로 배정된 보이스 수의 합이 그 악기가 지원하는 동시 발음수를 넘어서면 안 된다.

Reverb Macro

Address(H)	Size(H)	Data(H)	Description	Default Value(H)
40 01 30	00 00 01	00 - 07	00: Room 1	04
			01: Room 2	
			02: Room 3	
			03: Hall 1	
			04: Hall 2	
			05: Plate	
			06: Delay	
			07: Panning Delay	

SC-55에 내장된 리버브의 종류를 선택한다.

SC-55에서 리버브는 미디 컨트롤러 91번으로 그 수행치를 조절할 수 있지만 종류는 선택할 수 없다.

그러나 리버브 매크로를 위한 익스클루시브 메시지를 사용하면 SC-55에서 제공되는 8가지 중 하나의 리버브 계열의 사운드 이펙터를 골라서 사용할 수 있다.

홀 1로 바꾸기

F0 41 10 42 12 **40 01 30 03** 0C F7

Use For Rhythm Part

Address(H)	Size(H)	Data(H)	Description	Default Value(H)
40 1n 15	00 00 01	00 - 02	0 = OFF	00 at n ≠ 0
			1 = MAP1	01 at n = 0
			2 = MAP2	

유스 포 리듬 파트는 SC 시리즈에서 있는 2개의 드럼 세트를 원하는 채널에 설정할 수 있도록 하는 익스클루시브 메시지이다.

따라서 10번 채널 이외에서 또 다른 드럼을 사용하고자 할 때 작성한다.

원하는 채널은 어드레스에 있는 n의 값으로 설정한다.

11번 채널을 드럼으로 세팅

F0 41 10 42 12 **40 1A 15 02** 0F F7

Part Panpot

Address(H)	Size(H)	Data(H)	Description	Default Value(H)
40 1n 1C	00 00 01	00 - 7F	0(Random), 1 - 127	64

파트 팬폿은 각 채널별로 팬폿을 설정할 수 있는 익스클루시브 메시지이지만 미디 컨트롤러 10번으로도 설정이 자유롭기 때문에 SC 시리즈에서 지원되는 기능인 무작위(Random)로 설정에 사용하는 것이 좋을 것이다.

각 채널별 무작위 팬폿의 설정

Ch. 1	F0	40	10	42	12	40 11 1C	00	13	F7
Ch. 2	F0	40	10	42	12	40 12 1C	00	12	F7
Ch. 3	F0	40	10	42	12	40 13 1C	00	11	F7
Ch. 4	F0	40	10	42	12	40 14 1C	00	10	F7
Ch. 5	F0	40	10	42	12	40 15 1C	00	0F	F7
Ch. 6	F0	40	10	42	12	40 16 1C	00	0E	F7
Ch. 7	F0	40	10	42	12	40 17 1C	00	0D	F7
Ch. 8	F0	40	10	42	12	40 18 1C	00	0C	F7
Ch. 9	F0	40	10	42	12	40 19 1C	00	0B	F7
Ch. 10	F0	40	10	42	12	40 10 1C	00	04	F7
Ch. 11	F0	40	10	42	12	40 1A 1C	00	0A	F7
Ch. 12	F0	40	10	42	12	40 1B 1C	00	09	F7
Ch. 13	F0	40	10	42	12	40 1C 1C	00	08	F7
Ch. 14	F0	40	10	42	12	40 1D 1C	00	07	F7
Ch. 15	F0	40	10	42	12	40 1E 1C	00	06	F7
Ch. 16	F0	40	10	42	12	40 1F 1C	00	05	F7

지면 관계상 더 이상의 예는 이 정도로 그만두겠다.

이 정도면 익스클루시브 메시지를 이용하는 데 두려울 것이 없을 것이다.

익스클루시브 메시지를 사용하면 음색을 자유롭게 디자인할 수 있기 때문에 소리의 질이 달라진다. 비로소 진짜 신시사이저가 되는 것이다

다시 한 번 반복하지만 익스클루시브 메시지 활용의 관건은 바디부에 있으며 어드레스에서 기능을 설정하게 되는데, 기능에 따라 채널별로 설정할 수도 있으며, 그 뒤를 이어 어드레스에서 설정된 기능의 수행치를 조절하는 것으로 그만이다. 다만 롤랜드사 등 몇몇 제품에는 특별히 첵섬을 계산해 준다.

교과서적인 이야기이지만 모든 메뉴얼은 가장 좋은 지침서이다.

각 악기의 메뉴얼에는 익스클루시브를 위한 모든 사양이 적혀 있고, 지금까지 몇 가지 예를 통해 알게 된 방법만 이해한다면 자신의 악기가 가지는 모든 기능을 마음대로 사용할 수 있게 될 것이다.